Heike Franz-Lammers

Lieder und Bewegungsspiele im Kindergarten

Heike Franz-Lammers

Lieder und Bewegungsspiele im Kindergarten

Band 2: Am Nachmittag

Mit Illustrationen von Katharina Joanowitsch

Herder Freiburg · Basel · Wien

Zu diesem Buch wird durch den Verlag eine Musikkassette mit allen Liedern angeboten unter der Bestell-Nr. 22818.

Einbandgestaltung und Textillustration: Katharina Joanowitsch, Hamburg
Notenschrift: Herbert Ring

Herstellung: Freiburger Graphische Betriebe 1993
ISBN 3-451-22817-3

Vorwort

Die Lieder und Spiele in diesem zweiten Band sind entsprechend dem Ablauf des Kindergartennachmittags ab dem Mittagessen geordnet, und zwar in den Kapiteln

Zu jeder in einem Kapitel zusammengefaßten Tagesphase sind Lieder und Spiele mit unterschiedlichem Schwierigkeitsgrad und unterschiedlichen erzieherischen Absichten beschrieben. Sie haben so die Möglichkeit, einzelne Materialien selbst auswählen zu können in bezug

- auf das Vermögen der Gruppe,
- auf die jeweiligen Themen in der Gruppe,
- auf Ihre erzieherischen Absichten in der Gruppe,
- und nicht zuletzt auf Ihre eigenen Fähigkeiten.

Spezielle erzieherische Absichten einzelner Lieder und Bewegungsspiele werden ggf. im Zusammenhang mit dem jeweiligen Titel beschrieben.
Im übrigen gelten die gleichen Prinzipien und erzieherische Ziele, wie sie im Vorwort zu Band 1: Am Vormittag (S. 5 ff.) ausführlich beschrieben wurden.
Obwohl ich mich in der Mehrzahl an Erzieherinnen wende, bitte ich um Verständnis, wenn im folgenden aus sprachlichen Gründen vereinfacht vom Erzieher gesprochen wird, weiblich und männlich verstanden.

Heike Franz-Lammers

Das Mittagessen

Das gemeinsame Mittagessen läuft in den meisten Kindergärten als ein bestimmtes Ritual ab. Regeln und Verhaltensweisen, um den Ablauf für alle angenehm zu gestalten, müssen für die Kinder häufig neu angesagt und über lange Zeiträume hinweg eingeübt werden.
In den folgenden Liedern geht es zum einen um diese festgelegten Regeln und Verhaltensweisen (Lied 1, 2, 3, 10 und 11), zum anderen wird mit den Liedern ein Sich-Sammeln und Zur-Ruhe-Kommen vor dem Essen angestrebt (zwei Kanons). Außerdem werden im Kindergarten häufig erlebte Situationen besungen, die sich wohl in allen Kindergärten im Zusammenhang mit dem Mittagessen ähnlich ergeben mögen (Lieder 5, 6, 7, 8, 9).

Lieder

1. Tischdecken

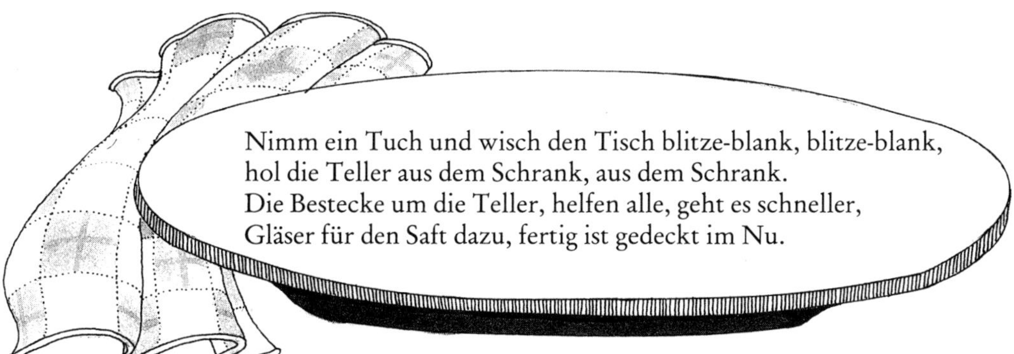

1. Zur Entstehung

Es ist wichtig, daß Kinder im Tagesablauf kleine, ihnen angemessene Aufgaben übernehmen, wie zum Beispiel das Tischdecken.
Das Lied kann dazu dienen, spielerisch einige Regeln einzuüben, nach denen ein Mittagstisch gedeckt wird. Wissen die Kinder genau, wie sie eine Aufgabe auszuführen haben, so übernehmen sie diese meistens auch gern.

Sich vor Aufgaben „drücken“ ist bei kleinen Kindern häufig mit einem Überforderungsgefühl verbunden.

2. Aufstellung und Verlauf

Das Lied kann in beliebiger Gruppenformation sitzend oder stehend gesungen werden. So können die Kinder zum Beispiel um ihren Eßtisch herumsitzen und das Lied zusammen singen, bevor dann der Tisch entweder von allen gemeinsam oder auch nur von einzelnen gedeckt wird. Das Singen wird dem Text entsprechend von pantomimischen Bewegungen begleitet:

a) eine Fläche sauberwischen,
b) einen Tellerstapel aus dem Schrank nehmen und die Teller auf der Fläche austeilen,
c) die Bestecke um die Teller legen,
d) ein Saftglas zu jedem Teller stellen (eine Hand macht eine Faust und stellt damit das Saftglas dar),
e) sich befriedigt im Stuhl zurücklehnen.

3. Zur Vermittlung

Um den Kindern Zeit für ihre pantomimischen Bewegungen zu lassen, kann das Lied sehr langsam gesungen werden mit großen Pausen nach dem 4. Takt (Pantomime a), dem achten Takt (Pantomime b), dem 12. Takt (Pantomime c), dem 14. Takt (Pantomime d).

4. Mögliche Vorübungen

Die drei pantomimischen Handlungen (a, b und c) können mit den Kindern zunächst einzeln geübt werden. Dabei kann der Erzieher mit Zwischenfragen versuchen, die Darstellungseinfälle zu erweitern und zu differenzieren. Zum Beispiel:

- „Decken wir einen niedrigen oder einen hohen Tisch?“
- „Wie groß ist die Tischplatte, die abgewischt werden muß?“
- „Haben wir ein großes oder ein kleines Wischtuch?“
- „Ist das Wischtuch trocken oder naß?“
- „Sollte man das Wischtuch vielleicht zunächst einmal auswringen?“
- „Hat der Tellerschrank Türen, die von uns geöffnet werden müssen?“
- „Sind die Schranktüren leicht oder schwer zu öffnen?“
- „Hängt der Schrank hoch oder tief?“
- „Ist der Tellerstapel leicht oder schwer?“
- „Wie eng legen wir die Bestecke um unsere Teller herum?“
- „Legen wir die Bestecke auf eine gerade oder vielleicht auf eine schräge Tischoberfläche?“ usw.

2. Händewaschen

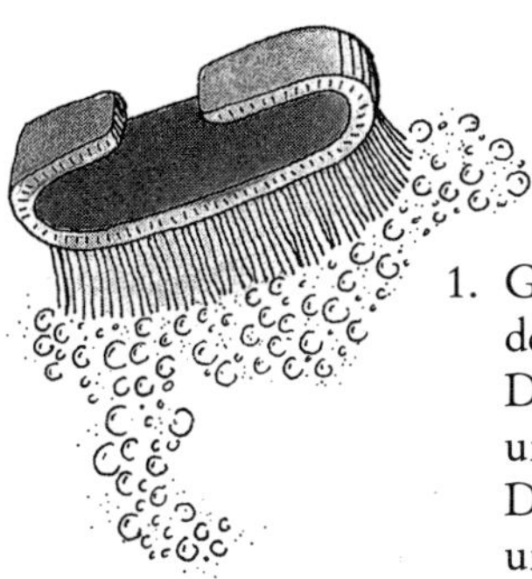

1. Geh, wasch dir deine Hände und putz die Nägel rein,
denn sauber und gewaschen soll man beim Essen sein.
Du hast gewühlt, gewühlt, gewühlt in Schlamm und Sand,
und jeder Fingernagel hat einen schwarzen Rand.
Du hast gewühlt, gewühlt, gewühlt in Schlamm und Sand,
und jeder Fingernagel hat einen schwarzen Rand.

2. ... Du hast gematscht, gematscht, gematscht mit Kleisterbrei,
und deine Hände wurden ganz kleberig dabei.

1. Zur Entstehung

Viele Kinder müssen täglich erneut aufgefordert werden, ihre Hände vor dem Essen gründlich zu waschen. Oftmals ist diese Aufforderung sowohl für die Kinder als auch für die Erwachsenen eine lästige Wiederholung, die hier durch die Liedform ein wenig aufgelockert werden soll.

2. Aufstellung und Verlauf

Das Lied kann in beliebiger Gruppenformation sitzend oder stehend gesungen werden. Es wird folgendermaßen von pantomimischen Bewegungen begleitet:
1. Strophe: Auf den Text „Geh, wasch ... soll man beim Essen sein" werden die Hände eingeseift, gewaschen und gewrungen und die Fingernägel gebürstet (die Finger beider Hände sind gekrümmt, die Fingernägel der einen Hand schuppern auf den Fingernagelflächen der anderen Hand hin und her). Auf den Text „Du hast gewühlt ... hat einen schwarzen Rand" wird mit großen Schaufelhänden im Sand gegraben und gewühlt und dann der Sand unter jedem einzelnen Fingernagel herausgekratzt.
2. Strophe: Anfang wie 1. Strophe. Auf den Text: „Du hast gematscht ... ganz kleberig dabei" wird mit flachen gespreizten Händen ein Kleisterbrei auf eine Fläche gedrückt (Tisch oder Wand) und dann die überspannte gespreizte Hand in der Runde herumgezeigt.

3. Zur Vermittlung

Damit den Kindern das Lied vertraut wird, kann der Erzieher es zunächst mehrmals alleine singen, zum Beispiel stellvertretend für die sonst gesprochene Aufforderung zum Händewaschen.
Haben die Kinder Text und Melodie auf diese Art schon häufiger gehört, so kann das Lied folgendermaßen aufgeteilt werden: Takt 1–8 (Aufforderungsteil) singt der Erzieher noch alleine. Ab Takt 8 singen die Kinder mit und begleiten sich dabei pantomimisch.
Später kann das ganze Lied gemeinsam gesungen und pantomimisch begleitet werden, zum Beispiel als selbsterteilte Aufforderung, um sich danach dann tatsächlich die Hände zu waschen.

4. Mögliche Vorübungen

Der imaginäre Umgang mit sandigen bzw. klebrigen Fingern kann folgendermaßen ausprobiert werden: Wir stellen uns vor, unsere Finger sind ganz sandig:
– „Wie bewege ich meine sandigen Hände?"
– „Wir patschen mit sandigen Händen Abdrücke an eine Wand."

- „Wie bewege ich die Hände, um den Sand abzuschütteln oder abzustreifen?"
- „Ist es mir möglich, die Hände ganz und gar zu entsanden?"

Wir stellen uns vor, unsere Finger sind ganz klebrig:
- „Wie bewege ich meine klebrigen Finger?"
- „Kleben meine Finger aneinander fest?"
- „Wie halte ich die Hände, damit die Finger nicht aneinander festbacken?" (Ich spreize die Finger)
- „Wir patschen mit unseren klebrigen Händen Handabdrücke an eine Wand."

3. Traumlied vom Essen

1. Wenn wir zu Mittag essen, fang'n wir nicht gemeinsam an,
   wir brauchen nicht zu sitzen, nein, man stehn und liegen kann.
   Und dann regnet's feinste Bonbons, Schokoladen wunderbar,
   es stimmt wirklich, was wir sagen, es ist alles, alles wahr.
2. Wenn wir zu Mittag essen, gibt es keinen Vollkornreis,
   auch keine Vollkornnudeln, nein, als Hauptgericht gibt es Eis.
   Und dann regnet's feinste Bonbons, Schokoladen wunderbar,
   es stimmt wirklich, was wir sagen, es ist alles, alles wahr.

1. Zur Entstehung

Es ist für Kinder immer wieder ein erheiterndes Gedankenspiel, mehr oder weniger geliebte Regeln oder Situationen in ihr Gegenteil zu verdrehen, um sich die Welt dann unter umgekehrten Bedingungen vorzustellen.

2. Aufstellung und Verlauf

Das Lied kann in beliebiger Gruppenformation sitzend oder stehend gesungen werden.

3. Zur Vermittlung

Im Lied werden bestimmte Regeln des Mittagessens (gemeinsam beginnen, manierlich sitzen) und der ständige Widerstreit von gesundem Essen und Süßigkeiten aufgegriffen. Dabei wird hauptsächlich die Absicht verfolgt, daß Freude erlebt wird am gemeinsamen Besingen gemeinsamer Themen.
Es ist wünschenswert, daß das Lied gesungen wird, wenn ein Bezug gegeben ist. Zum Beispiel, wenn die Kinder keine Lust haben, die im Lied angesprochenen Regeln einzuhalten, oder wenn der Wunsch nach mehr Süßigkeiten vernehmbar ist.

4. Zwei Kanons:

Guten Appetit

Guten Appetit! guten Appetit!
Singt vor dem Essen nur noch ein kleines Lied.

Ich will dies nicht, ich will das nicht

Ich will Kirschensuppe, aber ohne Kirschen essen.
– Ich will Kirschensuppe, aber ohne Kirschen.

Ich will heute nichts, ich will heute gar nichts essen.
– Ich will heute nichts, ich will heute gar nichts.

Ich will heut nur Grieß, ich will heut nur Pudding essen.
– Ich will heut nur Grieß, ich will heut nur Pudding.

1. Zur Entstehung

Die zwei Kanons: „Guten Appetit", und: „Ich will dies nicht, ich will das nicht", entstanden zunächst als „Lückenfüller" für die Zeit, in denen das Essen noch auf sich warten läßt, die Kinder aber schon am Tisch versammelt sind. Es ist eine Situation, in der die Kinder erfahrungsgemäß sehr gern miteinander singen und durch die gemeinsame Erwartung und das vertraute Sitzen um den Eßtisch herum stark aufeinander bezogen sind. Insofern bietet sich dieser Moment auch an, um einmal etwas schwierigeres auszuprobieren, wie zum Beispiel einen Kanon.
Selbstverständlich sind die Kanons aber auch anders zu nutzen (ohne daß eine Lücke gefüllt werden muß), zum Beispiel als gemeinsame „Auftakte" zum Essen, um sich vor der Mahlzeit zu sammeln und zur Ruhe zu kommen.

2. Aufstellung und Verlauf

Es bietet sich an, die Kanons zu singen, indem die Kinder um den Eßtisch herumsitzen. Dieses ermöglicht auch eine deutliche Gruppeneinteilung für die verschiedenen Stimmeinsätze.

3. Zur Vermittlung

Die Kanons müssen zunächst über lange Zeit einstimmig gesungen werden, bis die Kinder Melodie und Text (besonders des zweiten Kanons) sehr sicher beherrschen. Ist dies der Fall, so kann der Erzieher (zunächst noch alleine) einen verschobenen Einsatz wagen. Er singt dabei möglichst leise, um die Kindergruppe nicht von ihrer Stimme abzulenken. Wurden die Kinder auf diese Weise an den zweistimmigen Klang des Kanons herangeführt, so kann man es schließlich wagen, zwei gleichberechtigte Stimmgruppen zu bilden (beim zweiten Kanon schließlich drei Stimmgruppen).
Da der zweite Kanon eine sehr lange Melodie und sehr viel Text hat, kann man folgende Vereinfachung vornehmen: Es werden drei gleichgroße Gruppen (a, b, c) gebildet, die zur gleichen Zeit, also „übereinander", jeweils nur einen Abschnitt des Kanons singen und ständig wiederholen.
Gruppe a) singt Takt 1 bis 4,
Gruppe b) singt Takt 5 bis 8,
Gruppe c) singt Takt 9 bis 12.
Klanglich entsteht damit der gleiche Effekt, wie wenn alle Text und Melodie von Takt 1 bis 12 durchsingen und zu unterschiedlichen Zeiten einsetzen.

5. Essen tauschen

1. Komm, wir tauschen! Du bekommst die Erbsen,
ich bekomm' den Kräuterquark von dir, nun mach schon!
Komm, wir tauschen! Du bekommst die Erbsen,
ich bekomm' den Kräuterquark von dir, ja!

Refr.: Ja, wir tauschen hin und her, bald sind unsre Teller leer.
Ja, wir tauschen hin und her, bald sind die Teller leer.
(Wiederholung)

2. Komm, wir tauschen! Du kriegst die Kartoffeln,
ich bekomm' das Spiegelei von dir, nun mach schon!
Komm, wir tauschen! Du kriegst die Kartoffeln,
ich bekomm' das Spiegelei von dir, ja!
Refr.: Ja, wir tauschen ...

3. Komm, wir tauschen! Du bekommst den Nachtisch,
ich bekomm' das Bratwürstchen von dir, nun mach schon!
Komm, wir tauschen! Du bekommst den Nachtisch,
ich bekomm' das Bratwürstchen von dir, ja!
Refr.: Ja, wir tauschen ...

6. Kartoffelmus mit Soße

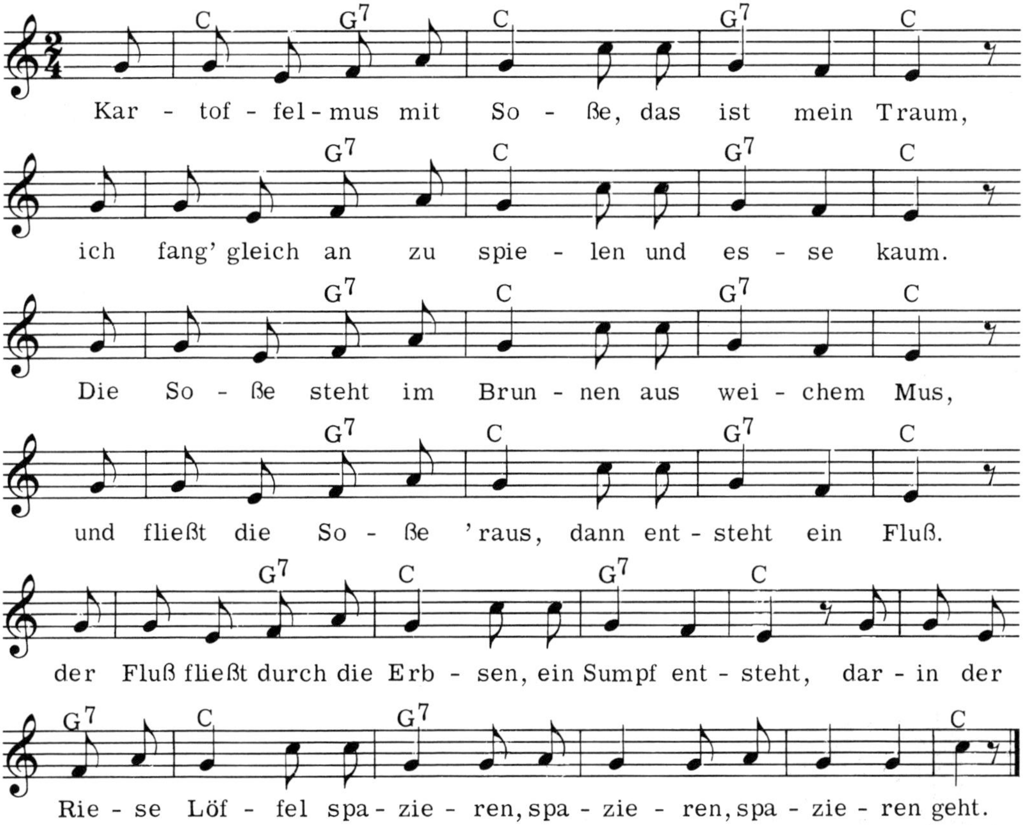

Kartoffelmus mit Soße, das ist mein Traum,
ich fang' gleich an zu spielen und esse kaum.
Die Soße steht im Brunnen aus weichem Mus,
und fließt die Soße raus, dann entsteht ein Fluß.
Der Fluß fließt durch die Erbsen, ein Sumpf entsteht,
darin der Riese Löffel spazieren, spazieren, spazieren geht.

7. Die Suppe ist so heiß

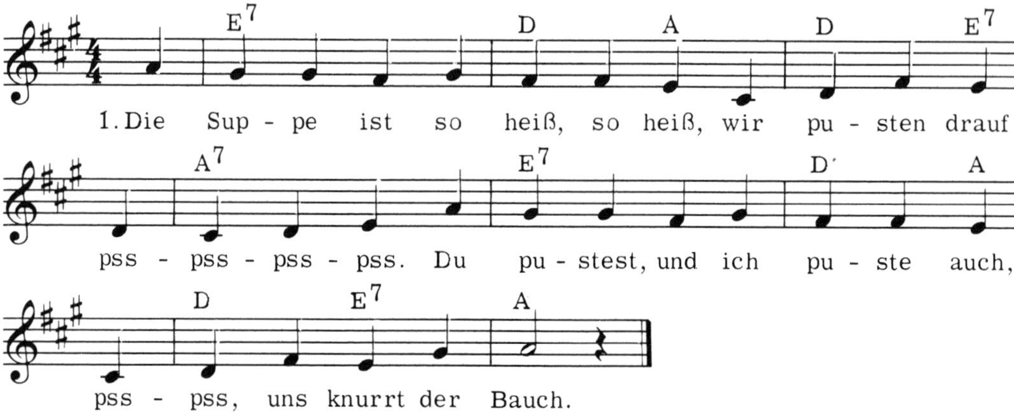

1. Die Suppe ist so heiß, so heiß,
   wir pusten drauf pss – pss – pss – pss.
   Du pustest, und ich puste auch,
   pss, pss, uns knurrt der Bauch.

2. Und ist die Suppe abgekühlt,
   dann essen wir sie ganz schnell auf,
   Du löffelst, und ich löffel' auch,
   schön warm wird es im Bauch.

8. Auf meinem Pullover

1. Auf meinem Pullover steht die allerschönste Speisekarte,
darauf kann man sehn, was ich alles auf dem Teller hatte.
Der rote Fleck sagt, es gab Fadennudeln mit Tomate,
und die gelben, grünen Flecken rings dabei,
die erzähl'n, es gab Spinat mit Ei.

2. Auf meinem Pullover steht die allerschönste Speisekarte,
darauf kann man sehn, was ich alles auf dem Teller hatte.
Der braune Fleck sagt, es gab einen Becher Schokolade,
und die Kleckerspur da oben ganz in weiß,
die erzählt, es gab Vanilleeis.

9. Mir fällt immer etwas runter

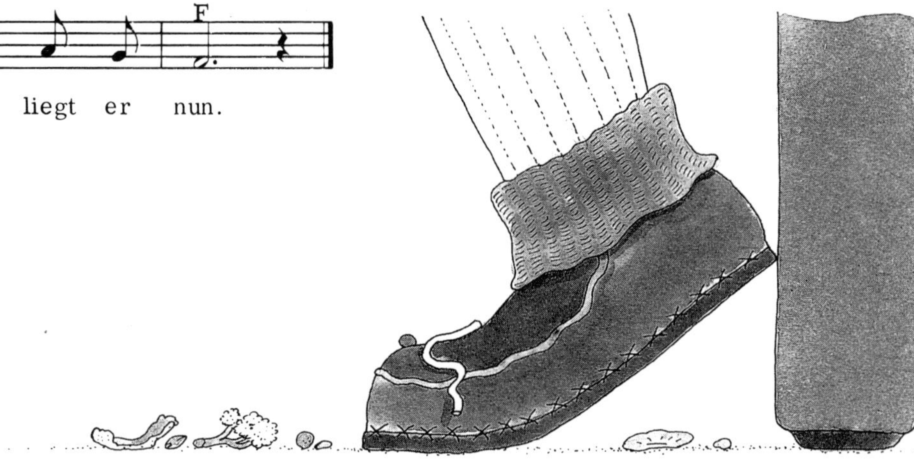

1. Mir fällt immer etwas runter – plumps!
Mama sagt, das soll nicht sein.
Doch wie fang' ich mit der Gabel bloß
einen Bissen sicher ein?
Ich denk', gleich hab' ich ihn,
nur noch ein kleines Stück,
Ei, da bewegt er sich,
und fällt zurück, doch nicht zum Teller, nein!
Fällt über Bauch und Bein
hinab bis zu den Schuh'n, da liegt er nun.

2. Mir schwappt immer etwas über – platsch!
Mama sagt, das soll nicht sein.
Doch wie fang' ich mit dem Löffel bloß
meine Suppe sicher ein?
Ich denk' gleich hab ich sie, nur noch ein kleines Stück,
Ei, da bewegt sie sich,
und rinnt zurück, doch nicht zum Teller, nein!
Rinnt über Bauch und Bein
hinab bis zu den Schuh'n, da klebt sie nun.

1. Zur Entstehung der Lieder 5, 6, 7, 8 und 9

Diese Lieder entstanden alle im Zusammenhang mit den in ihnen beschriebenen Situationen. Es sind Situationen, die wohl alle Kinder schon einmal ähnlich erlebt haben und die immer wieder beim gemeinsamen Essen sowohl im Kindergarten als auch zu Hause vorkommen können.

2. Aufstellung und Verlauf

Die Kinder sitzen um den Eßtisch herum. Lied 6 und Lied 7 können ihrem Text entsprechend von Bewegungen begleitet werden.

3. Zur Vermittlung

Verfolgt wird mit Text und Melodie hauptsächlich, daß Freude am gemeinsamen Singen erlebt wird. Die Aufgabe des Erziehers besteht darin, das Lied möglichst dann zu vermitteln und zu singen, wenn der Bezug gegeben ist, d. h., wenn eine ähnliche wie die im Lied beschriebene Situation eintritt.
Die Lieder können abhängig von der Situation entweder sofort beim Essen angestimmt werden oder auch erst später, zum Beispiel als Abschluß der gemeinsamen Mahlzeit.

10. „Wir säubern unterm Tisch“

1. Wir säubern unterm Tisch.
   Du fegst dort, und ich wisch'.
   Nudelreste, Eierschalen,
   Brotkrum', Erbsen und Sandalen.
   Alles, was mal oben war,
   liegt unten jetzt, wie sonderbar.

2. Wir säubern unterm Tisch.
   Du fegst dort, und ich wisch'.
   Puddingkleckse und Rosinen,
   Schalen von den Mandarinen.
   Alles, was mal oben war,
   liegt unten jetzt, wie sonderbar.

1. Zur Entstehung

Die Aufgabe, unterm Tisch sauber zu machen, ist recht unbeliebt. Das Lied versucht deshalb, die Aufmerksamkeit weg von der Tätigkeit hin zu der oft amüsanten Vielfalt der unter dem Tisch versammelten Dinge zu lenken. Vielleicht gelingt es so, der unbeliebten Aufgabe einen neugierigen und spielerischen Aspekt zu verleihen, etwa: „Mal sehen, was wir heute alles unterm Tisch vorfinden werden."

2. Aufstellung und Verlauf

Das Lied kann in beliebiger Gruppenformation sitzend oder stehend gesungen werden. Wird es um den Eßtisch herum sitzend gesungen, so lehnen sich die Kinder am Ende des Liedes im Stuhl zurück und schauen unter den Tisch (auf den Text: „Alles, was mal oben war, liegt unten jetzt, wie sonderbar.")

3. Zur Vermittlung

Wenn den Kindern Text und Melodie vertraut sind, kann das Lied von zwei Kindern dargestellt werden, während die anderen Kinder dazu singen: Dazu bekommt das eine Kind Handfeger und Schaufel, das andere Kind bekommt einen Eimer und einen Wischlappen.
Takt 1 bis 4: die Kinder kriechen und krabbeln am Boden, und es wird gründlich gewischt und gefegt.
Takt 5 bis 8 werden die im Liedtext genannten Dinge real oder pantomimisch hochgehalten und den anderen Kindern gezeigt.
Takt 9 bis 12 wird wieder gefegt und gewischt, wobei die Kinder auf „liegt unten jetzt, wie sonderbar" mit den Achseln zucken und eine recht hilflose, ratlose Geste machen.

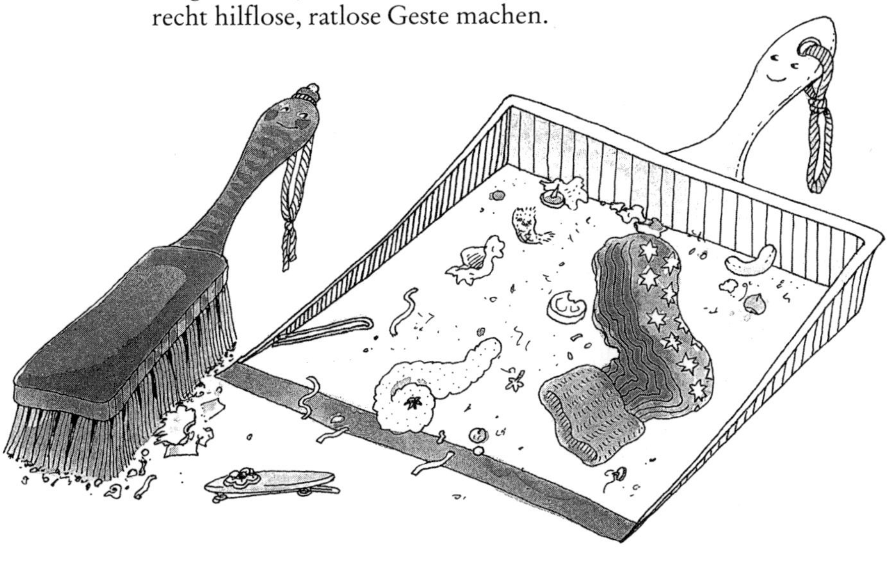

11. Zähneputzen

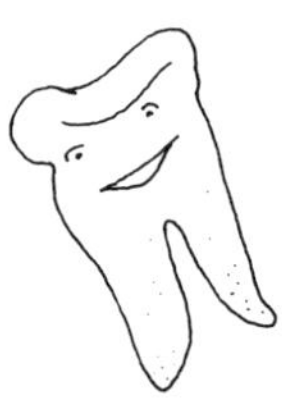

1. Putz dir die Zähne, Zähne, Zähne,
   putz die Zähne, Zähne, Zähne,
   putz die Zähne, schrubb den Zahn,
   schrubb jeden Zahn.
   Putz dir die Zähne, Zähne, Zähne,
   putz die Zähne, Zähne, Zähne,
   putz die Zähne, halt nicht an,
   halt bloß nicht an!

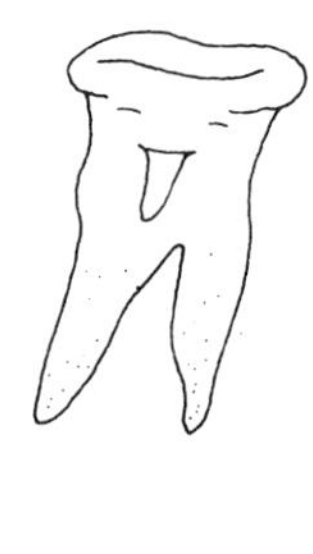

2. Dann spül die Zähne, Zähne, Zähne,
   spül die Zähne, Zähne, Zähne,
   spül die Zähne und spuck aus,
   spuck's Wasser aus!
   Jetzt sehn die Zähne, Zähne, Zähne,
   sehn die Zähne, Zähne, Zähne,
   sehn die Zähne prächtig aus,
   ganz prächtig aus!

1. Zur Entstehung

Das Lied entstand, um das ebenso lästige wie notwendige Zähneputzen möglichst spielerisch zu üben und als gemeinsame, für alle notwendige Handlung zu erfahren.

2. Aufstellung und Verlauf

Die Kinder sitzen oder stehen so, daß sie einander und besonders den Erzieher gut sehen können, der ihnen die Zahnputzbewegungen beim Singen des Liedes vormacht. Der Text des Liedes wird pantomimisch begleitet:
Strophe 1: Auf „Putz dir die Zähne ..." geht die Putzbewegung hin und her. Auf: „schrubb den Zahn ..." geht die Putzbewegung auf und ab.
Strophe 2: Auf „Dann spül die Zähne ..." versuchen die Kinder, die Pantomime des Zähnespülens mit dem Singen zu vereinbaren. Auf: „Sehn die Zähne ..." zeigen die Kinder einander stolz ihre entblößten, sauberen Zähne.

3. Zur Vermittlung

Der Erzieher sollte, bevor das Lied gesungen wird, mit den Kindern die typischen Bewegungen des gründlichen Zähneputzens besprochen haben.

2

Erzählstunde am Nachmittag

Die hier zusammengefaßten Erzähl- und Geschichtenlieder eignen sich zum Vor- und Mitsingen.
Sie berichten von sonderbaren Dingen und erzählen komische Geschichten, die die Kinder auch bei häufiger Wiederholung gerne hören.
Die Lieder orientieren sich vorwiegend an Phantasiespielen und -geschichten, die ich im Kindergarten oder im Zusammenhang mit Kindern „belauscht" habe. Sie versuchen, dem häufig beobachteten kindlichen Wunsch nach Komischem, nach Ausgelassenheit und Kontrollfreiheit zu entsprechen.
Die Liedinhalte umfassen zum Teil mehrere Strophen. Insofern ist es natürlich nicht möglich, daß die Kinder Melodien und Texte sofort mitsingen. Bei vielen Liedern bietet es sich an, den Inhalt der im Lied berichteten Geschichten zunächst einmal frei zu erzählen, um so die Aufmerksamkeit der Kinder zu erregen.
Eine Geschichte, die die Kinder kennen, lassen sie sich erfahrungsgemäß auch gern vorsingen. Das Vorsingen sollte dann häufiger geschehen, wie zum Beispiel auch das Vorlesen bestimmter beliebter Geschichten oder Bilderbücher. Irgendwann wird man bemerken, daß die Kinder ihnen vertraut gewordene Liedstrecken mitsingen. Es ist immer wieder erstaunlich, wieviel Text auch sehr junge Kinder schon lernen können, wenn sie der Text vom inhaltlichen her anspricht und wenn dieser durch seine rhythmische Struktur und durch seine Melodieführung lustvoll erlebt wird.
Es ist ratsam, den Kindern die kleinen Illustrationen, die zur Veranschaulichung der Textinhalte aller Erzähl- und Geschichtenlieder dem Buch beigegeben sind, gelegentlich zu zeigen.

Eine Reihe der Erzähl- und Geschichtenlieder eignen sich auch dazu, die Textinhalte nachzuspielen oder gar in einer Art „Aufführung" darzustellen.

Sollen die Lieder zur Aufführung (z. B. beim Sommerfest) genutzt werden, so ist es ratsam, zunächst gemeinsam mit *allen* Kindern in der Gruppe Haltungen, Bewegungen und Handlungen der darzustellenden Tiere oder Personen auszuprobieren und gegebenenfalls zu üben. Erst später, wenn ein Lied tatsächlich zur „Aufführung" gebracht werden soll, werden die Rollen an einzelne Kinder vergeben, während man die anderen Kinder zum Beispiel als „singende Geschichtenerzähler" oder auch als Zuschauer einsetzen kann.

Insofern ergibt sich für die „Aufführungs-Lieder" folgende „Anweisungsordnung":

1. Vorübungen für alle.
2. Ideen für die Aufführungssituation:

- Raumeinteilung und Raumgestaltung,
- Rolleneinteilung und Kostüme,
- Darstellungsablauf.

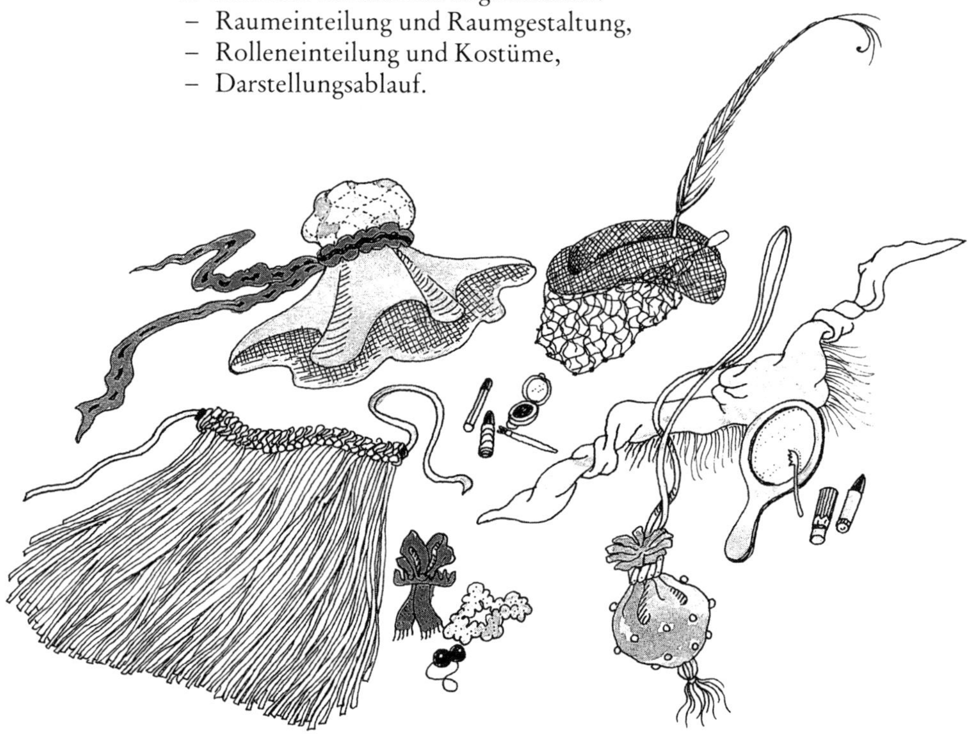

Lieder

1. Der reiche Elefant

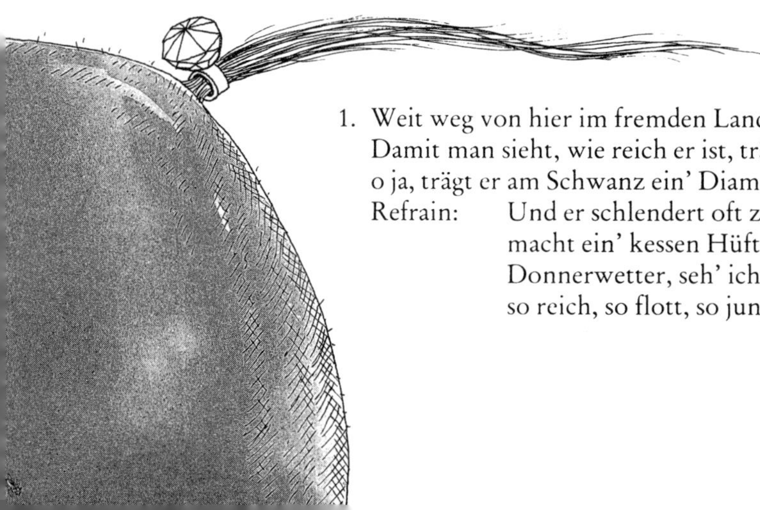

1. Weit weg von hier im fremden Land, da wohnt ein reicher Elefant.
Damit man sieht, wie reich er ist, trägt er am Schwanz ein' Diamant,
o ja, trägt er am Schwanz ein' Diamant.
Refrain: Und er schlendert oft zum Spiegel hin,
macht ein' kessen Hüftschwung:
Donnerwetter, seh' ich prächtig aus,
so reich, so flott, so jung.

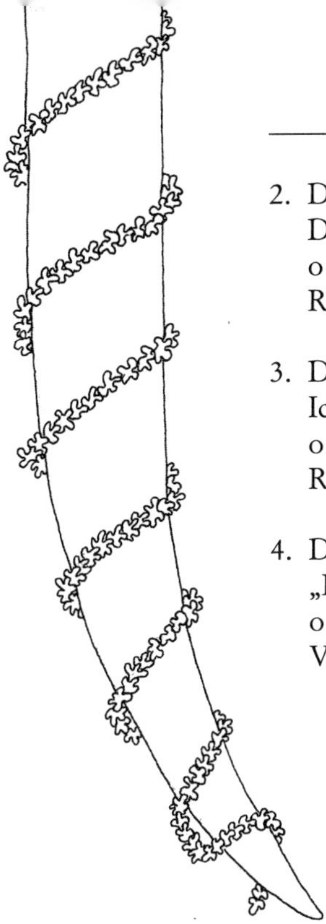

2. Doch damit lange nicht genug, die Brille hat ein' goldnen Rand.
   Die Nase schmückt ein Edelstein, am Hals, da hängt ein Silberband,
   o ja, am Hals, da hängt ein Silberband.
   Refr.

3. Die Zähne ganz aus Elfenbein, behängt er auch noch mit Korall'n.
   Ich glaub, mit all dem teuren Schmuck will er allein nur mir gefall'n,
   o ja, will er allein nur mir gefalln.
   Refr.

4. Doch wie ich ihn bewundere, da sagt der Elefant ganz frech:
   „Kannst alles haben, wenn du willst, der ganze Plunder ist aus Blech,
   o ja, der ganze Plunder ist aus Blech.
   Veränderter Refrain: Und dann schlendert er zum Spiegel hin,
   nimmt den Schmuck sich ab mit Schwung:
   „Diesen Plunder brauch' ich wirklich nicht,
   bin trotzdem flott und jung."

1. Vorübungen für alle

Die Kinder versuchen die Gestalt des großen „reichen" Elefanten nachzumachen. Dafür stellen sie sich mit breitem, rundgebeugtem Rücken fest auf ihre Füße. Mit einer Hand fassen sie sich an die Nase, so daß der Arm dieser Hand eine Schlaufe bildet. Durch diese Schlaufe strecken sie den anderen Arm lang hindurch als „Rüssel".
In dieser Haltung probieren die Kinder den Gang des sich gemächlich bewegenden großen Tieres aus. Sie setzen dazu langsam und gleichmäßig Fuß vor Fuß. Zum Beispiel im Tempo von halben Noten zur Melodie des Liedes.

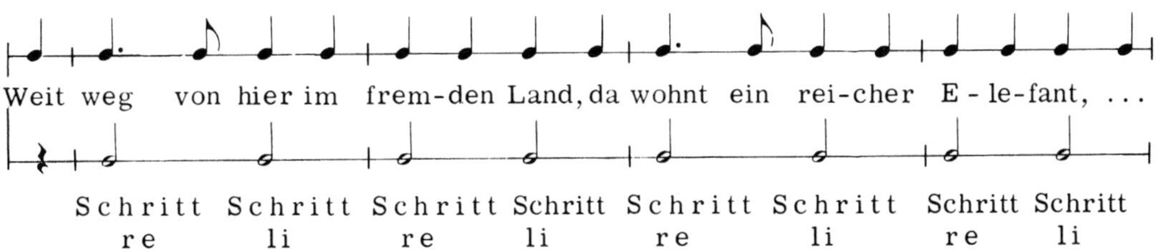

Ist der Gang sicher geworden, so können die Kinder ihren „Rüssel" ausprobieren:
- Sie lassen ihn in alle Richtungen „schlappen";
- sie spritzen sich gegenseitig mit „Wasser";
- sie „trompeten" laut durch den erhobenen Rüssel;
- sie führen mit dem Rüssel „Nahrung" zum Mund.

Nun bewegen sich die Kinder in Elefantenhaltung zu einem gedachten oder gar zu einem realen Spiegel und probieren aus, wie sich ein großer, dicker Elefant wohl in all seiner Eitelkeit vor dem Spiegel bewegen könnte. Die Bewegungen sollten dabei weiterhin „elefantenmäßig" langsam, dick, behäbig und breit bleiben. Es werden Bewegungen ausprobiert, wie:
- sich kämmen;
- sich die Haare aus dem Gesicht streichen;
- sich schminken (Lidstrich malen, Lippen nachziehen, Rouge auflegen);
- einen kessen Hüftschwung machen.

Zum Abschluß wird die „Rüssel-Schwanz-Parade" ausprobiert: Dafür stellen sich alle Elefanten hintereinander auf in oben beschriebener Elefantenhaltung. Sie lösen die Hand von der Nase und führen sie als „Schwanz" durch ihre Beine hindurch nach hinten. Die „Rüssel" greifen jeweils nach dem „Schwanz" des vorangehenden Elefanten.

2. Ideen für die Aufführungssituation

a) Raumeinteilung und Raumgestaltung

Die Zuschauer sitzen im Kreis oder im Halbkreis um die darstellenden Kinder herum. Im Bewegungsraum steht ein Spiegel.

b) Rollen und Kostüme

Es werden zwei Elefanten-Hauptrollen vergeben:
- die des agierenden reichen Elefanten. Er ist dem Text entsprechend geschmückt und verhält sich selbstbewußt und eitel.
- die des still beobachtenden Elefanten, der bewundernd alle Handlungen des reichen Elefanten verfolgt. Er ist nicht geschmückt.

c) Darstellungsablauf

Alle Kinder kommen als Elefanten mit der „Rüssel-Schwanz-Parade" in den Raum und marschieren um den Bewegungsraum im Innenkreis der Zuschauer herum. (Schön wäre es, wenn dazu die Melodie des Liedes auf irgendeinem Instrument gespielt werden könnte.) Sie plazieren sich vor den Zuschauern und lassen sich elefantenmäßig behäbig nieder, nachdem sie noch kurz mit den Zuschauern Kontakt aufgenommen haben, indem sie ihnen mit dem Rüssel gewinkt oder zutrompetet haben.
Nur der reiche Elefant und der bewundernde Elefant bleiben stehen. Der reiche Elefant geht gemächlich zum Spiegel und macht davor alle möglichen eitlen Bewegungen. Der bewundernde Elefant beobachtet alles sehr genau. Er sieht dem reichen Elefanten einmal von links, einmal von rechts über die Schulter. Er schüttelt den Kopf, oder er nickt auch hin und wieder bestätigend.
Die sitzenden Elefanten beginnen das Lied zu singen. Der „reiche" Elefant zeigt dem Text entsprechend stolz seine Schmuckstücke in Richtung der Zuschauer. Beim Refrain geht er jeweils schlendernd vor den Spiegel, verhält sich dort eitel und affektiert und macht „kesse" Hüftschwünge.
In der letzten Strophe und auf den veränderten letzten Refrain nimmt der „reiche" Elefant seinen Schmuck ab und behängt damit den Elefanten, der ihn beobachtet hat. Dieser freut sich darüber riesig, und nun ist er es, der zum Spiegel schlendert und eitle Bewegungen macht.
Um diesen Tausch der Schmuckstücke „elefantenmäßig" gemächlich zu Ende bringen zu können, muß der letzte Refrain mehrmals gesungen werden.
Zum Abschluß erheben sich dann alle Elefanten, gehen in die Paradehaltung und verlassen so den Raum, angeführt vom nunmehr geschmückten Elefanten. (Schön wäre es, wenn auch jetzt zum Ausklang das Lied allein von einem Instrument gespielt werden könnte.)

2. Sieben Trampeltiere

1. Sieben Trampeltiere ziehn durch Afrika
mit Kränzen um die Höcker und
geschmückt das Zottelhaar.
Sie feiern heut ihr hundertelftes Lebensjahr,
sie feiern heut ihr hundertelftes Lebensjahr.

2. Sieben Trampeltiere ziehn von Bar zu Bar,
es ist schon spät, sie sind schon müd'
und stolpern hier und da.
Sie feiern heut ihr hundertelftes Lebensjahr,
sie feiern heut ihr hundertelftes Lebensjahr.

3. Sieben Trampeltiere müde ganz und gar,
gehn nun ins feinste Grandhotel,
wo man sie noch nie sah.
Genug der Feier, ab ins Bett auf's nächste Jahr,
genug der Feier, ab ins Bett auf's nächste Jahr.

1. Vorübungen für alle

Die Kinder bewegen sich als Trampeltiere durch den Raum. Sie gehen dabei mit eingeknickten Beinen auf ganzer Fußsohle. Der Oberkörper bleibt möglichst gerade und ist nur leicht nach vorne abgewinkelt. Um einen Paßgang anzudeuten, dreht sich jeweils die Schulter auf der Seite des vorangesetzten Fußes leicht mit nach vorne. Die Unterarme liegen verschränkt als „Höcker" auf dem Rücken.
Sieht bei den Kindern dieser Gang ungefähr ähnlich aus, so wird beim Gehen ausprobiert
- zu feiern, indem die Trampeltiere etwas übertrieben johlen und lachen;
- müde zu werden, indem sich der Gang verlangsamt und ausgiebig gegähnt wird;
- noch müder zu werden, indem vor Müdigkeit gestolpert wird, sich die Tiere gerade eben noch aufzufangen vermögen, um sich sehr langsam weiterzuschleppen.

Schließlich wird noch geübt, sich aus der Trampeltierhaltung zu Boden zu legen, und zwar, ohne die Arme vom Rücken zu lösen.

2. Ideen für die Aufführungssituation

a) Raumeinteilung und Raumgestaltung

Die Zuschauer sitzen im Kreis oder im Halbkreis um den Bewegungsraum herum.

b) Rollen und Kostüme

Sieben Kinder übernehmen die Rollen der sieben Trampeltiere. Als Kostüme können sie zum Beispiel Wolldecken über den geraden Rücken hängen. Sie sind dem Liedtext entsprechend geschmückt mit Kränzen um die Höcker und mit Blumen im Zottelhaar. Die restlichen Kinder übernehmen die Rolle der singenden Geschichtenerzähler und sitzen vor dem Publikum.

c) Darstellungsablauf

Die sieben Trampeltiere kommen herein und umrunden ihren Bewegungsraum. Dazu wird möglichst die Melodie des Liedes allein von einem Instrument gespielt. Steht hierfür kein Instrument zur Verfügung, so kann man den Aufmarsch auch von Geräuschinstrumenten begleiten lassen, die von den vor dem Publikum sitzenden Kindern gespielt werden. Nach einigen Aufmarschrunden beginnen die Kinder das Lied zu singen und werfen dabei während der ersten Strophe Luftschlangen und Konfetti auf die feiernden Trampeltiere. Die zweite Strophe wird im Tempo etwas langsamer gesungen, und die Trampeltiere gähnen und stolpern auf ihrem Weg. In der letzten Strophe bahnen sich die Trampeltiere einen Weg durch die Zuschauer, um auf den Text „genug der Feier, ab ins Bett ..." durch die Ausgangstür aus dem Raum zu verschwinden.

3. Ein Affe mit freundlichem Wesen

1. Ein Affe mit freundlichem Wesen,
der mag weder Fernsehn noch lesen,
tanzt nur Tarantella mit Lilla und Lella,
zwei Damen, die wohnen im Keller.

2. Das Nilpferd, das wohnt bei ihm oben,
und ärgert sich über das Toben,
es kann sich nicht ausruhn, so will es dann mittun,
ich finde, das sollte man loben.

3. So tanzen sie ununterbrochen,
ich glaub' schon seit fünfeinhalb Wochen,
der Affe mit Lilla, das Nilpferd mit Lella,
sie hören nur auf, um zu kochen.

1. Vorübungen für alle

Der Affe: Die Kinder probieren aus, sich wie „lustige Affen“ im Raum zu bewegen. Dafür stellen sie sich aufrecht mit nach vorne abgerundeter oberer Wirbelsäule. Durch diese Abrundung fallen die Schultern nach vorne, und die Arme baumeln bis auf Kniehöhe abwärts. Die baumelnden Arme sollen nun bei jeder Bewegung, die der Affe macht, locker hin- und herschwingen. Es werden so Sprünge, Rollen und Fallbewegungen ausprobiert. Die Affen „lausen“ sich selbst oder gegenseitig (die Läuse werden genußvoll aufgefressen), sie kratzen sich ausgiebig, und sie necken sich gegenseitig, balgen sich und jagen hintereinander her.

Das Nilpferd: Das Nilpferd ist mehrere Zentner schwer und hat enorm dicke Beine und Füße. Die Kinder probieren aus, wie sich ein so schweres Tier auf seinen dicken Beinen wohl bewegt. Sie bewegen sich dabei sehr langsam und schwerfällig, haben einen runden Rücken und benutzen die festen Arme mit als „Beine“, auch wenn diese nicht ganz den Boden berühren. Die Hände sind flach nach innen abgewinkelt und stellen die großflächigen Füße dar.
Es wird nun das sich ärgernde Nilpferd gespielt. Dafür stampfen die Kinder mit all ihrer Schwere ein dickes Bein ärgerlich und ungeduldig auf den Fußboden. Zuletzt beginnt das Nilpferd dann zu tanzen, wobei es aufgrund seiner „Körperfülle“ niemals richtig in Schwung kommen darf. Es hebt allein unbeholfen das eine und das andere dicke Bein in die Höhe, schwenkt behäbig seinen Hintern und dreht sich langsam am Platz.

2. Ideen für die Aufführungssituation

a) Raumeinteilung und Raumgestaltung

Die Zuschauer sitzen im Kreis oder im Halbkreis um den Bewegungsraum herum. Im Bewegungsraum steht ein Tisch, gedacht als Wohnungsetage über der Wohnung des Affen. In der Wohnung des Affen (restlicher Bewegungsraum) steht ein Kinderkochherd mit Töpfen und Pfannen.

b) Rolleneinteilung und Kostüme

Das dicke Nilpferd hat schaumgummiumwickelte Arme und Beine. Der agile, freundliche Affe wird nach Belieben ausstaffiert. Die zwei Damen Lilla und Lella werden etwas albern aufgeputzt mit Hüten, Strohröcken, Schleifen im Haar, Lippenstift und ähnlichem. Die restlichen Kinder sitzen vor dem Publikum als singende Geschichtenerzähler.

c) Darstellungsablauf

Zunächst sollte das Lied mehrmals auf einem Instrument gespielt werden, ohne daß dazu gesungen wird. Der Affe tanzt wild zur Melodie mit Lilla und Lella in seiner Wohnung herum, während das Nilpferd auf dem Tisch steht, vor Müdigkeit gähnt, aber ob der Toberei keine Ruhe findet. Es ärgert sich sichtlich und stampft ärgerlich und ungeduldig mit seinen Füßen. Jetzt beginnen die Kinder das Lied zu singen. Das Nilpferd steigt schließlich dem Text entsprechend langsam und schwerfällig vom Tisch. Es bewegt sich auf die eine Dame zu und beginnt mit dieser mitzutanzen. Hierbei sollte darauf geachtet werden, daß das Nilpferd seine schwerfälligen Bewegungen beibehält. Zum Abschluß bewegen sich alle Tanzenden, das heißt das Nilpferd, der Affe, Lilla und Lella zum Kochherd, rühren in Töpfen und Pfannen und freuen sich auf das Essen.

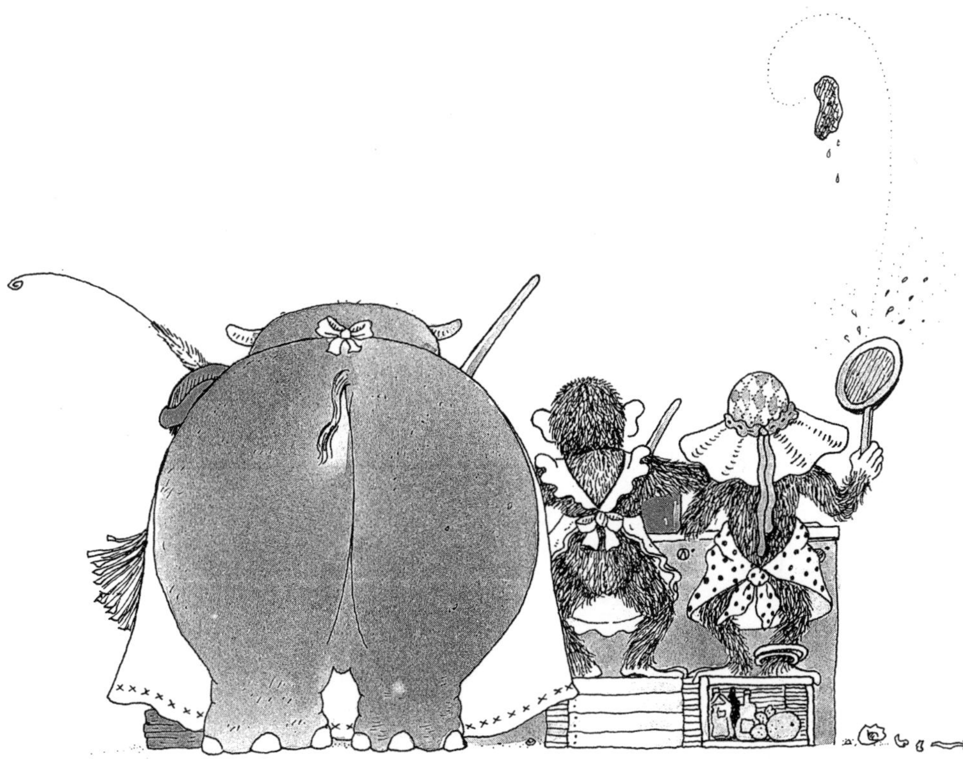

4. Es lebte mal ein Krokodil

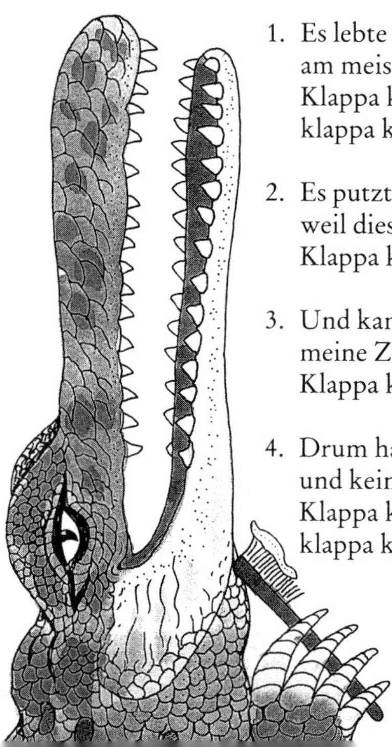

1. Es lebte mal ein Krokodil, das liebte ganz gewiß
am meisten sein Gebiß, am meisten sein Gebiß.
Klappa klippi klippi klapp, kein Zahn brach ihm je ab,
klappa klippi klippi klapp, kein Zahn brach ihm je ab.

2. Es putzte stündlich jeden Zahn und aß nur Vollkornbrei,
weil dies gesünder sei, weil dies gesünder sei.
Klappa klippi ...

3. Und kam ein Leckerbissen her, so sagt es: „danke nein,
meine Zähne sind zu fein, meine Zähne sind zu fein!"
Klappa klippi ...

4. Drum hatte niemand vor ihm Angst, die Kinder ritten drauf,
und keines fraß es auf, und keines fraß es auf.
Klappa klippi klippi klapp, kein Zahn brach ihm je ab,
klappa klippi klippi klapp, kein Zahn brach ihm je ab.

1. Vorübungen für alle

Die Kinder finden sich jeweils zu dritt zu einem Krokodil zusammen. Sie stellen sich hintereinander auf, und das erste Kind ist der Riesenrachen. Es geht aufrecht, und die nach vorne ausgestreckten geraden Arme stellen das klappernde Maul dar. Die zwei anderen Kinder hängen sich in gebeugter Haltung an das erste Kind an und spielen den langgezogenen, flachen Rumpf. Die Kinder versuchen so, sich krokodilsmäßig langsam fortzubewegen, wobei das erste Kind (das klappernde Maul) auf möglichst interessanten Wegen durch den Raum führen soll. (Siehe dazu zum Lied: „Ich bin ein Riesenschlangen-Tier" die Bemerkungen zu: „Mögliche Vorübungen", S. 88/89). Trifft ein Krokodil auf ein anderes Krokodil, so bleiben beide Krokodile erst einmal stehen und begrüßen sich mit übertriebenem Maulgeklapper. Möglichst alle Kinder sollten bei dieser Vorübung einmal die Rolle des durch den Raum führenden Mauls übernehmen. Im weiteren wird dann ausprobiert, daß sich das Krokodil müde und faul zu Boden sinken läßt, um ein wenig zu schlafen.

2. Ideen für die Aufführungssituation

a) Raumeinteilung und Raumgestaltung

Die Zuschauer sitzen im Halbkreis um den Bewegungsraum herum. Irgendwo gut sichtbar im Bewegungsraum befinden sich eine Riesenzahnbürste und ein Leckerbissen. Der Leckerbissen kann zum Beispiel ein gebratenes Huhn aus Plastik oder Pappmaché sein oder auch ein selbstgebastelter, überdimensionierter, in Glanzpapier verpackter Bonbon.

b) Rolleneinteilung und Kostüme

Drei bis fünf Kinder stellen zusammen das Krokodil dar, so wie es oben beschrieben ist (Maul geht aufrecht, die drangehängten Körperelemente gehen gebeugt). Das Maul sollte grün angezogen sein, und über den „Körper" sollte eine grüne Decke gehängt werden. Alle anderen Kinder sitzen vor dem Publikum als singende Geschichtenerzähler und haben eine Krokodilsklapper in der Hand (die Anleitung zum Bau der Krokodilsklapper ist beigefügt). Auf dem Refrain des Liedes klappern die Kinder jeweils laut mit ihrer Klapper mit.

c) Darstellungsablauf

1. Strophe: Das Krokodil geht im Bewegungsraum herum und klappert mit dem Maul.
Refrain: Das Krokodil bleibt abrupt stehen und wendet sich ebenso abrupt mit all seinen Elementen in Richtung der Zuschauer, reißt vor diesen das Maul weit auf und klappert die Zuschauenden an.

2. Strophe: Das Krokodil setzt sich wieder in Bewegung und geht zur Zahnbürste.
Refrain: Das Krokodil bleibt wiederum abrupt stehen und wendet sich mit all seinen Elementen in Richtung der Zuschauer. Ein Körperelement kommt unter der Decke hervor, nimmt die Zahnbürste und bürstet dem Krokodil im Maul herum.

3. Strophe: Ein unter den Zuschauern sitzendes Kind steht auf, nimmt den „Leckerbissen" und hält ihn dem Krokodil vors Maul. Das Maul klappt zu und bleibt fest geschlossen, während das „Maul-Kind" entsetzt mit dem Kopf schüttelt. Dabei geht das gesamte Krokodil den einen und den anderen Schritt rückwärts.
Refrain: Das Krokodil wendet sich zum Publikum und klappert es freundlich an.

4. Strophe: Das Krokodil bewegt sich in die Mitte des Bewegungsraums und läßt sich dort gemütlich nieder.
Refrain: Alle Kinder aus dem Publikum, die eine Rassel in der Hand haben, kommen schnell zum Krokodil, setzen und legen sich auf es drauf und wiederholen mehrfach den Refrain, indem sie tüchtig dazu klappern.

Selbstgebastelte Krokodilklapper

Sie brauchen:
1 Leiste,
20 cm lang, 3,8 cm breit, 0,9 cm stark
2 Leisten,
10 cm lang, 3,8 cm breit, 0,9 cm stark
2 farbige Holzkugeln,
2 cm ∅ mit Bohrung
Deckfarbe, Lack (giftfrei)
Nylonfaden

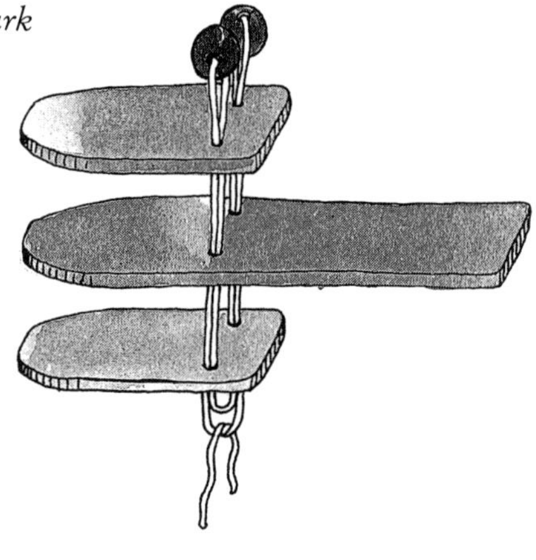

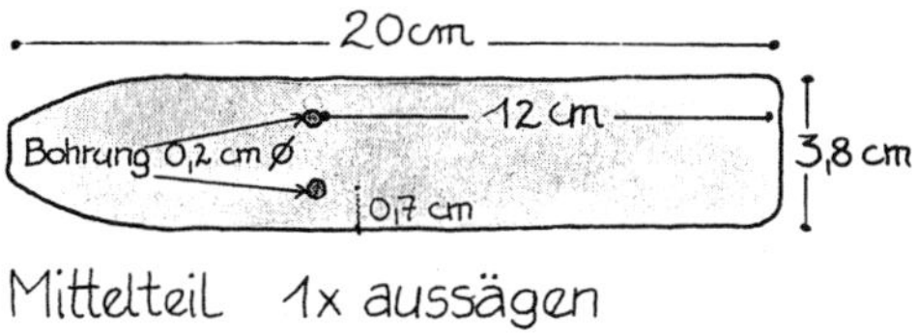

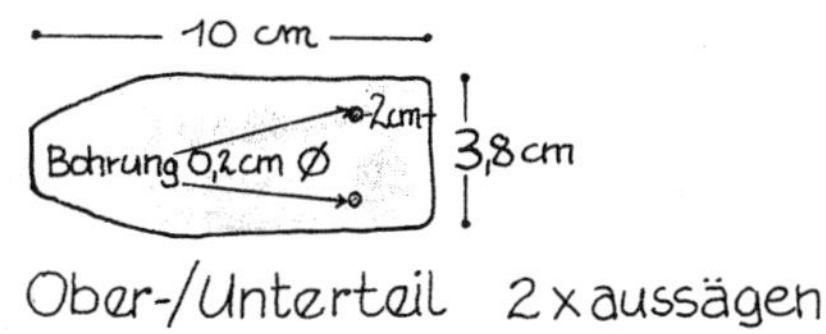

Mit Hilfe der Schablone wird die Form des Krokodils auf das Holz übertragen und mit einer Raspel aus dem Holz herausgearbeitet. Mit Schleifpapier alle Kanten glätten. Für den späteren Fadendurchschuß werden die drei Holzteile übereinander gelegt und mit einem 2 mm Ø starken Holzbohrer zweimal ganz durchbohrt.
Nun kann man die Teile mit Deckfarbe bemalen und nach dem Trocknen lackieren. Dann werden die beiden Holzkugeln mit dem Faden durch die drei Teile gefädelt und auf der Unterseite verknotet.
Achtung: Dem Faden so viel Spiel lassen, daß die drei Teile beim Schütteln klappern können.

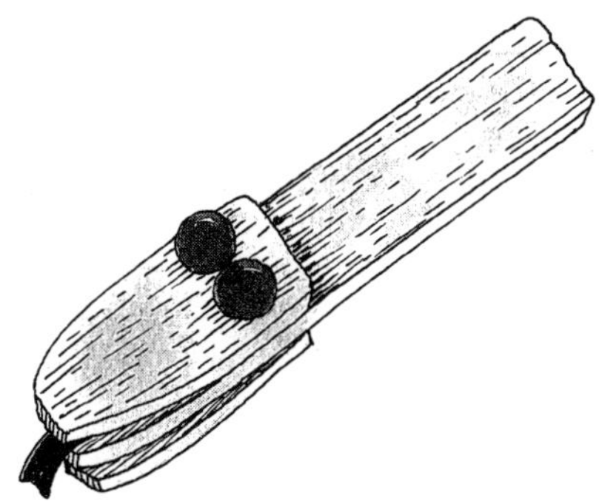

5. Die Maus im Küchenschrank

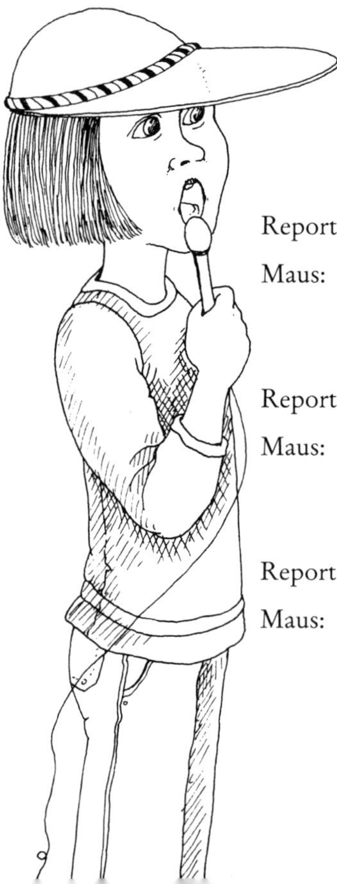

Reporter: 1. Sage mir doch, wo wohnst du, kleine Maus?

Maus: Dieser Küchenschrank, das ist mein Haus!
Hier gibts leck're Sachen überall,
und ich freß' mich rundlich, dick und drall.

Reporter: 2. Wohnst du ganz allein dort, ganz allein?

Maus: Nein! Ich hab' doch viele Kinderlein!
Fünfunddreißig Kinder und ein Mann,
fressen mit und knabbern alles an.

Reporter: 3. Und was macht ihr sonst noch so am Tag?

Maus: Jeder schläft so lang er schlafen mag.
Und wenn man uns schön in Ruhe läßt,
feiern wir ein großes Mausefest.

In fast allen Kindergartengruppen gibt es Kinder, die sehr gern allein singen und auch gern allein vorsingen mögen. Es ist ratsam, solchen Kindern ab und zu Gelegenheiten zum Vorsingen einzuräumen. Man sollte allerdings niemals ein Kind gegen seinen Willen auffordern, allein vorzusingen.
Die Melodie vom Lied der Maus im Küchenschrank ist sehr einfach. Da es inhaltlich ein Zwiegespräch darstellt, kann es sehr gut von zwei Solo singenden Kindern vorgetragen werden. Will man das Lied zur Aufführung bringen, so kann man das fragende Kind zum Beispiel als Reporter verkleiden, der mit einem hochgehaltenen Trommelschläger als „Mikrofon" ein Interview führt. Das andere Kind ist als freundliche Maus mit zwei großen Ohren verkleidet. Während der Reporter seine Frage stellt, hält er sich selbst das Mikrofon vor den Mund, um es dann sehr übertrieben vor den Mund der antwortenden Maus zu halten. Die Maus begleitet möglichst auch noch gestisch, was sie zu erzählen hat.

6. Ich hab' mal 'ne Spinne gesehn

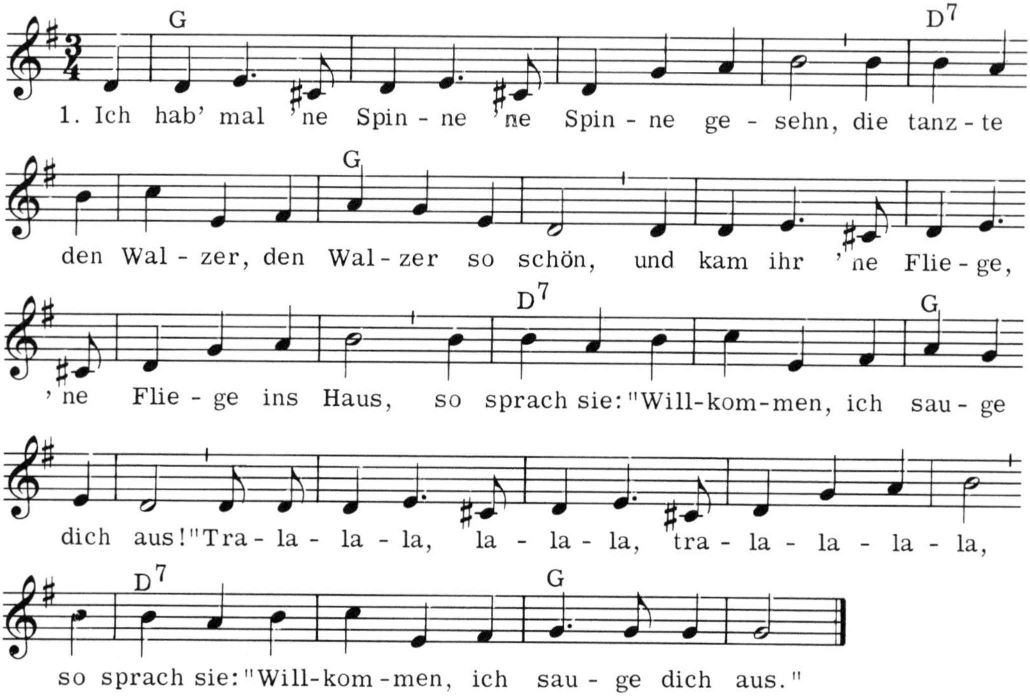

1. Ich hab' mal 'ne Spinne, 'ne Spinne gesehn,
die tanzte den Walzer, den Walzer so schön,
und kam ihr 'ne Fliege, 'ne Fliege ins Haus,
so sprach sie: „Willkommen, ich sauge dich aus!"
Tralla-la-la, tralla-la-la, tralla-la-la,
so sprach sie: „Willkommen, ich sauge dich aus."

2. Es saß mal Frau Igel, Frau Igel allein,
und döste für sich in die Sonne hinein,
und kam ein verliebter junger Mann,
so sprach sie: „Komm küß mich, ich steche dich dann!"
Tralla-la-la ...

3. Es schwamm mal 'ne Qualle, 'ne Qualle im Meer,
und freute sich über die Badenden sehr,
sie rief: „Kommt ihr Lieben und laßt euch verwöhn,
kommt in meine Arme, das brennt dann so schön!"
Tralla-la-la...

4. Es stand mal ein Lama, ein Lama im Zoo,
das zeigte den Leuten nur seinen Popo,
doch kam ein Besucher von vorne heran,
so sprach es: „Willkommen, ich spucke dich an!"
Tralla-la-la...

Dieses Lied eignet sich nicht für eine Aufführung. Es entstand, nachdem im Kindergarten häufiger Gespräche stattgefunden hatten über alle möglichen Tiere, die in der Lage sind, anderen Tieren oder auch den Menschen Unliebsames zuzufügen. Kinder lieben Geschichten über solche „tierischen Methoden", besonders, wenn sie ihnen ein wenig unheimlich oder auch eklig sind.

Die erste Strophe des Liedes kann folgendermaßen als Spiel umgesetzt werden.
Ein Kind übernimmt die Rolle der Fliege und steht außerhalb des von den anderen Kindern gebildeten Kreises.
Die im Kreis stehenden Kinder stellen mit ihren Händen flinke krabbelnde Spinnen dar, die sie überall um sich herum in der Luft „herumwuseln" lassen. Sie singen dazu die Strophe von der Spinne. Auf den Text „und kam ihr 'ne Fliege, 'ne Fliege ins Haus", kommt das „Fliegenkind" angesurrt und fliegt mitten in den Kreis hinein. Daraufhin zieht sich der äußere „Spinnenkreis" zusammen, indem alle Kinder auf die gefangene „Fliege" zugehen, um sie am Ende der Strophe mit ihren Spinnenhänden zu kitzeln. Hierbei muß darauf geachtet werden, daß das Kitzeln sehr liebevoll geschieht und einen deutlichen Gegensatz darstellt zu der im Text angelegten Aggressivität des Aussaugens.

7. Tausendfüßlers Urgroßvater

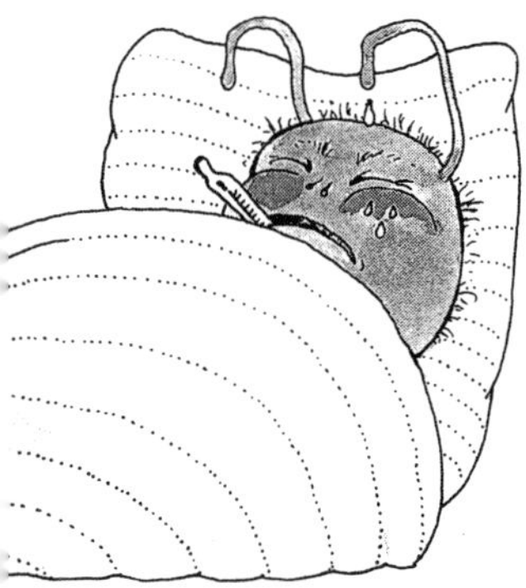

1. Tausenfüßlers Urgroßvater Fritz,
ging im Regen, trampelt durch 'ne Pfütz,
wurde naß in allen tausend Schuhn,
kriegt 'ne Grippe, muß ins Bett und ruhn.

2. Doktor Mehlwurm kommt mit Kräutertee,
schimpft und zetert laut: „O Schreck, o Weh,
nein, wie konnte Fritze nur so dumm,
rennen ohne Gummistiefel rum!"

3. „Hast ja recht, doch mußt du auch verstehn,
dieses war ja nicht nur ein Versehn,
tausend Schuh zu wechseln ist, nun ja,
sehr viel mühsamer als nur ein Paar."

1. Vorübungen für alle

Die Kinder hängen sich hintereinander, indem sie mit beiden Händen um die Hüften des jeweils vorangehenden Kindes fassen. Sie gehen vorgebeugt und das erste Kind in der Reihe ist der Kopf des Tausendfüßlers, der auf möglichst interessanten Wegen durch den Raum führt. (Siehe dazu zum Lied: „Ich bin ein Riesenschlangen-Tier" die Bemerkungen zu „Mögliche Vorübungen", S. 88/89).
Mit etwas älteren Kindern (ab fünf Jahren) kann man versuchen, daß sich die Beine des Tausendfüßlers synchron bewegen. Das heißt, bevor

das Tier losgeht, stehen alle Kinder auf dem linken Bein, um mit dem rechten Bein den ersten Schritt zu tun und dann im gleichen Schrittempo voranzuschreiten. Das Schrittempo muß selbstverständlich vorher genau angesagt, beziehungsweise hörbar gemacht werden, zum Beispiel, indem man folgendes vorspricht:

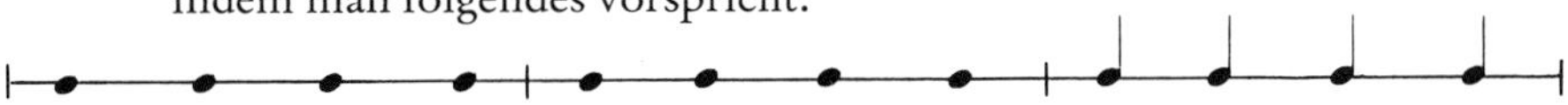

"Schritt vor Schritt, vor Schritt, vor Schr. und:" re li re li

Können sich die Kinder im Raum als Tausenfüßler vorwärtsbewegen (die Älteren synchron, die Kleineren mit freien Schritten), so kann man mit ihnen folgende Bewegungsgesten einüben:

Auf den Text „Fritz“ (●) wiederholen alle Kinder sprechend den Namen „Fritz“ bejahend aus und nicken sehr übertrieben mit dem Kopf. Auf den Text „Pfütz“ (●) rufen alle „iii“ und schütteln den nassen Fuß aus.

2. Ideen für die Aufführungssituation

a) Raumeinteilung und Raumgestaltung

Die Zuschauer sitzen im Kreis oder im Halbkreis um den Bewegungsraum herum. Im Bewegungsraum steht das Krankenlager (Matratze) des Tausendfüßlers.

b) Rolleneinteilung und Kostüme

Der Tausendfüßler wird von fünf bis sechs Kindern dargestellt. Alle gehen vorgebeugt und aneinandergehängt hintereinander und haben einen braungrünen oder graugrünen Stoff über sich hängen. Der Stoff hängt so, daß die Beine nicht bedeckt sind. Wenigstens die Unterschenkel sollten sichtbar sein, und die Füße stecken jeweils in übergroßen Schuhen. Doktor Mehlwurm: Ein Kind wird als Arzt verkleidet mit weißem Kittel, Arztzubehör und einer Kräuterteekanne. Die restlichen Kinder der Gruppe sitzen vor dem Publikum als singende Geschichtenerzähler. Jedes Kind hat ein Fellinstrument auf dem Schoß.

c) Darstellungsablauf

Die vor dem Publikum sitzenden Kinder machen auf ihren Fellinstrumenten das Geräusch von Regen nach. Sie beginnen sehr vorsichtig, indem sie leicht mit den Fingerkuppen auf das Instrument tippen und werden dann immer prasselnder und lauter, bis sie schließlich zu ihrem eigenen Regengeräusch mit dem Singen des Liedes beginnen.

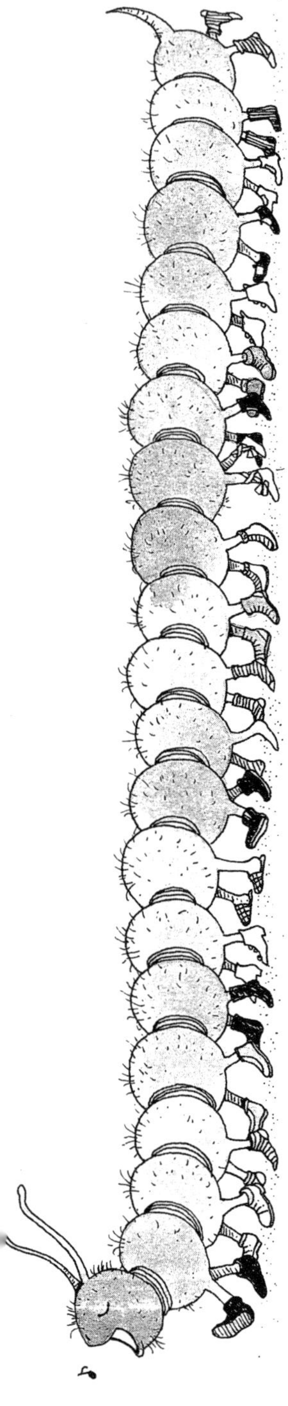

Während des Regens steht der Tausendfüßler ganz still in der Mitte des Bewegungsraums. Er beginnt erst mit seinem Spaziergang, wenn auch die Kinder mit dem Singen des Liedes beginnen. Auf den Text „Fritz" und „Pfütz" macht der Tausendfüßler Bewegungsgesten wie oben beschrieben. Am Ende der Strophe hört man nur noch den prasselnden Regen und dazu das Husten und Schniefen des Tausendfüßlers, der sich offensichtlich erkältet hat. Er bewegt sich langsam und kränkelnd zu seinem „Bett", auf dem er sich niederläßt. Das Regengeräusch hört auf, und die Kinder beginnen mit der zweiten Strophe.
Gleichzeitig erscheint Doktor Mehlwurm im Bewegungsraum. Er untersucht Fritz, faßt sich an den Kopf und ist entsetzt über Fritzens Dummheit, keine Gummistiefel angezogen zu haben. Der Tausendfüßler räkelt sich auf dem Bett und streckt seine Füße so, daß sie vom Publikum gut gesehen werden können. Dann beginnen die fünf bis sechs Kinder, die den Tausendfüßler darstellen, allein die dritte Strophe zu singen. Ist das Alleinsingen nicht möglich, so dürfen die anderen Kinder selbstverständlich den Tausendfüßler singend unterstützen. Doktor Mehlwurm wird durch Fritzens Erklärung etwas besänftigt und setzt sich zu den anderen Kindern ins Publikum. Nun stehen vier im Publikum sitzende Kinder auf und sprechen je eine Strophe:

1. Kind Drei Tage schon ist Fritze krank,
die Zeit wird ihm ganz furchtbar lang.
Er fühlt sich so alleine,
drum zählt er seine Beine.

2. Kind „Was ist denn das?" Der Fritz springt auf,
so oft er zählt, er kommt nicht drauf,
kommt nicht mal an die Hundert,
was ihn erstaunt und wundert.

3. Kind Er zählt von vorn, weil's stimmen muß,
zählt Bein für Bein und Fuß für Fuß,
fragt sich dabei der Arme,
„Was soll denn dann mein Name?"

4. Kind „Nicht Tausend-Bein, kein Tausend-Fuß",
sagt er zu sich und faßt den Schluß:
„So bleib' ich nicht alleine,
ich suche mir noch Beine."

(Das Sprechen des Textes kann selbstverständlich auch von einer erwachsenen Person übernommen werden.)
Fritz springt bei der zweiten Strophe von seinem Lager auf und zählt mit großen Zeigegesten auf jeden einzelnen Fuß seine Beine.
Nun wird das Lied mit verändertem Text neu begonnen. Der Tausendfüßler bewegt sich durch den Raum und holt sich ein Kind nach dem anderen aus dem Publikum, das sich hinten bei ihm anhängen muß. Der Text des Liedes lautet nun:

Tausendfüßlers Urgroßvater Fritz
hat zu wenig Beine, nein, das ist kein Witz.
Ruft er: „Otto, häng dich hinten an,
zwei Beine mehr, auf den' ich gehen kann!"

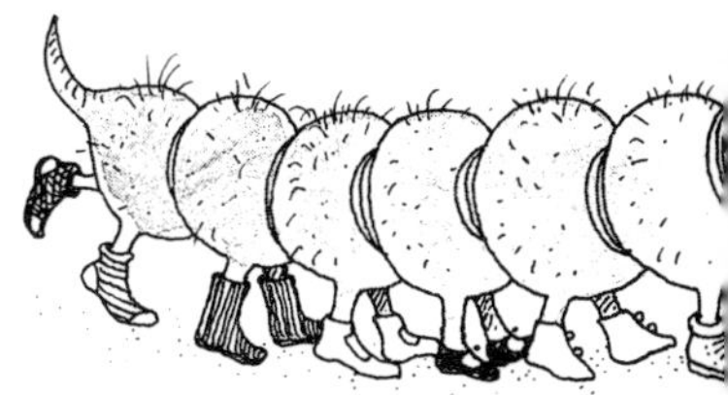

Am Ende kann der Tausendfüßler alle Mütter aufrufen oder alle Väter. (Ruft er: „Mütter, hängt Euch hinten an…") Mit der letzten Strophe wird dann das Spiel abgeschlossen:

Letzte Strophe: Tausendfüßlers Urgroßvater Fritz
hat nie tausend Beine, nein, das ist kein Witz.
Hat nicht einmal an die hundert Bein,
ist vom Zählen müde und schläft ein.

Am Ende sollte möglichst der gesamte Tausendfüßler (Kinder, Eltern, Erzieher) am Boden liegen und so tun als schliefe er.

8. Das gewöhnliche Schwein

1. Ich bin ein gewöhnliches Schein, gewöhnlich, doch unglaublich fein.
   Ich habe ein Schwänzchen, ein niedliches Schwänzchen, und dieses gehört mir allein.
   Tralla-la-la-la, la-la-la-la,
   Tralla-la-la-la, la-la-la-la.
   ich habe ein Schwänzchen, ein niedliches Schwänzchen
   und dieses gehört mir allein.

Weitere Strophen: Ich bin ein gewöhnliches ...
Ich habe ein Öhrchen,
... ein Schnäuzchen,
... ein Bäuchlein,
... vier Beinchen usw.

Letzte Strophe: Ich bin ein gewöhnliches ...
Ich hab' eine Stimme, 'ne niedliche Stimme, und diese gehört mir allein:
Grunz-grunz-grunz-grunz-grunz-grunz-grunz-grunz,
grunz-grunz-grunz-grunz-grunz-grunz-grunz-grunz.
Ich hab' eine Stimme, 'ne niedliche Stimme, und diese gehört mir allein.

Das Lied vom „gewöhnlichen Schwein" eignet sich weniger für eine Aufführung, hingegen eignet es sich gut dazu, von den Kindern beim Singen mit darstellenden Bewegungen begleitet zu werden. Zunächst werden die Kinder angehalten, lebende Schweine genau zu beobachten. (Ist dies nicht möglich, sollten ersatzweise realistische Abbildungen von Schweinen zur Betrachtung herangezogen werden.) Beim Betrachten werden den Kindern folgende Fragen gestellt:
- Wie bewegen sich die Schweine?
- Was ist ihre Hauptbeschäftigung?
- Wie halten sie Kopf und Schnauze?
- Wie klingt die „Stimme" der Schweine?

Weiterhin wird die Aufmerksamkeit der Kinder auf alle selbstverständlich vorhandenen Details des Schweinekörpers gelenkt:
- Wie sieht der Schwanz aus?
- Wie groß sind die Augen?
- Welche Form haben die Ohren?
- Wie dick ist der Bauch?
- Wie viele Beine hat das Schwein?

Haben die Kinder auf diese Art mehr über die Schweine erfahren, schlüpfen sie selbst in die Rolle eines Schweins und probieren aus, wie sie sich bewegen, geben und grunzen müssen, um die Rolle überzeugend auszufüllen. Wenn nun mit den Kindern das Lied gesungen wird, haben sie das Schwein ganz genau vor Augen, was dem bewußten und deutlichen Mitsingen sehr förderlich ist.
Das Schwein, das besungen und dargestellt wird, hat nichts besonderes an sich, findet sich jedoch selbst trotzdem ganz außergewöhnlich fein. Die Kinder dürfen insofern etwas affektiert singen, weil sie schließlich recht eingebildete Schweine darstellen sollen. Während die Kinder singen, präsentieren sie sich gegenseitig den jeweils besungenen Körperteil.

9. Die singende Mülltonne

1. Ich bin bekannt hier in dieser Stadt,
   es gibt kaum einen, der mich nicht hat,
   ich bin bescheiden, rundlich und schlank,
   mein Kleid ist meistens nicht mehr blank. Nein!
   Ich bin aus Plastik oder aus Blech,
   und das ist schön so, das ist kein Pech,
   ich bin bekannt hier in dieser Stadt,
   dick, rund, gefräßig, stinkig, satt.
   Auf, zu und schluck!

2. Zu mir kommt jeder, groß oder klein,
wirft seinen Abfall in mich hinein,
schwupps auf den Deckel, rumsdi und weg,
doch glaubt ihr, Abfall sei nur Dreck? Nein!
Da sag ich Nein, das stimmt nicht, o Nein!
Es gibt da Sachen, die sind so fein,
die sind so fein, da könnte man wein',
und doch werft ihr sie in mich rein.
Auf, zu und schluck!

3. Zum Beispiel hier ein Stückchen Papier,
das warf man einfach runter zu mir,
doch ich, ich holte es wieder raus,
und machte einen Ohrring draus. Ja!
Und hier dies süße Kuschelkuscheltier,
das schenkte eine Urgroßmutter mir,
es hatte weder Schwanz noch Augen mehr,
doch ich, ich liebte es so sehr.
Auf, zu und schluck!

4. Ich klebte es fest an meine Haut,
daß es mir niemand, niemand mehr klaut,
und werd' ich Montags früh ausgeleert,
mein Tierchen bleibt ganz unversehrt. Ja!
Und eines Nachts kam ganz still und leis'
ein Fernseher nicht bunt, nein schwarz-weiß,
den stell' ich mir nun spät immer an,
und seh' das schwarz-weiß Müllprogramm.
Auf, zu und schluck!

Das Lied von der Mülltonne wurde ursprünglich für Erwachsene geschrieben, die es vor Kindern zur Aufführung brachten. Kinder lieben Vorführungen von ihnen bekannten Erwachsenen oder gar von ihren eigenen Eltern. Sie sind dankbare Zuschauer und großzügige Beifallgeber.

Ideen für die Aufführungssituation

a) Raumeinteilung und Raumgestaltung

Die Vorführenden agieren frontal vor den Zuschauern, zum Beispiel auf einer Bühne.

Hinten im Bewegungsraum (auf der Bühne) steht der Chor, der die Geschichte singend erzählt. Vor dem Chor bewegt sich die Mülltonne, die ihre Wege auch bis in den Zuschauerraum hinein ausdehnen kann.

b) Rolleneinteilung und Kostüme

Mülltonne: Ein Rohr aus Pappe, Durchmesser ca. 60 cm, wird mit Trägern über der Schulter so befestigt, daß es von der Brust bis zu den Unterschenkeln reicht. Die Tonne soll so einerseits gehen beziehungsweise tanzen können, andererseits soll sie die Arme für Bewegungen frei haben. Auf dem Hinterkopf wird ein Mülltonnendeckel aus Pappe (ebenfalls ca. 60 cm im Durchmesser) befestigt, der durch Kopfnicken den Eindruck einer Auf-zu-Klapp-Bewegung auslöst.

Eine Urgroßmutter: Eine im Chor mitsingende Person wird als sehr alte Frau verkleidet, die ein Kuscheltier in die Mülltonne wirft.

Ein Mensch: Eine im Chor mitsingende Person übernimmt die Rolle desjenigen, der nachts heimlich einen Fernsehapparat zur Mülltonne bringt. Der Fernsehapparat, den diese Person unterm Arm hält, ist aus Pappe.

Alle weiteren mitwirkenden Erwachsenen stehen im Chor und übernehmen die Funktion der singenden Geschichtenerzähler. Sie tragen alle Hüte, auf denen aller möglicher Abfall befestigt ist.

c) Darstellungsablauf

Wenn das Lied in dieser Art aufgeführt wird, so sollte der Text des Liedes folgendermaßen verändert werden:

Sie ist bekannt hier in dieser Stadt,
es gibt kaum einen, der sie nicht hat,
sie ist bescheiden ...

So verändert erzählt der Chor die Geschichte der Mülltonne und nicht die Mülltonne ihre eigene Geschichte. Während der Chor singt (er muß sehr deutlich sprechen und sehr langsam singen), geht die Mülltonne mit großen, sich präsentierenden Gesten vor dem Publikum auf und ab oder auch durch das Publikum hindurch. Es ist nun abhängig vom Mut und Darstellungsvermögen der Mülltonne, mit wieviel Bewegung und Gestik sie den Text des Liedes untermalt. Am Ende jeder Strophe bewegt sich jeweils eine Person aus dem Chor auf die Mülltonne zu und öffnet und schließt ihren Deckel mit übertrieben großer Geste.
Mit Beginn der nächsten Strophe springt der Deckel natürlich sofort wieder auf, weil die Tonne ja sehen können muß.
Zu Beginn der dritten Strophe reißt sich die Tonne einen riesigen Ohrring aus einem festen Stück Glanzpapier und hängt ihn sich ans Ohr. Dann kommt auch schon die Großmutter, die sich des Kuscheltiers entledigt. Es wird von der Mülltonne mit riesigen Freudensprüngen und Glücksgesten entgegengenommen, geherzt und geküßt. „Auf, zu und schluck!" setzt der Freudenszene ein Ende.
In der vierten Strophe öffnet sich die Tonne etwas verschüchtert, schaut sich ängstlich um und drückt beschützend das Kuscheltier an sich.
Da wird auch schon der Fernsehapparat gebracht, der so groß ist, daß er nicht in die Tonne hineinpaßt. Nach einem kurzen Versuch, ihn doch in die Tonne zu stopfen, was die Mülltonne ärgerlich abwehrt, wird der Apparat unwirsch neben der Tonne abgestellt. Die Person, die den Apparat brachte, geht schnell davon, und die Mülltonne wendet sich dem Apparat interessiert zu, läßt sich vor ihm auf dem Bauch nieder, stützt den Kopf in die Hände und schaut das „Schwarz-Weiß-Müllprogramm" an.
Da besonders in den letzten Strophen sehr viel Aktion auf dem Text geschieht, müssen diese Strophen besonders langsam gesungen werden. Um die Eintönigkeit des „Schwarz-weiß-Müllprogramms" zu verdeutlichen, kann das Stück ausklingen, indem die letzte Zeile „und sieht das Schwarz-Weiß-Müllprogramm" häufig wiederholt wird.

10. Regenwurm und Henne

1. Ein Regenwurm, den ich gut kenne,
verliebte sich in eine Henne,
sie wollte ihn picken, da war es geschehn,
er hat sie so mild angesehn.

Refrain: Ga-ga-ga-gack, ho-ho-ho-ho, er hat sie so mild angesehn.

2. Sie sind nun verliebt schon seit Jahren,
da mußte ich leider erfahren,
sie haben ein großes, ein Riesenproblem,
er mag mit ihr nicht tanzen gehn.

Refrain:
Ga-ga-ga-gack, no-no-no-no, er mag mit ihr nicht tanzen gehn.

3. Sie sagt zu ihm: „Liebster, mein Schatzi,
du kriegst tausend riesige Schmatzi,
wenn du mit mir einen Tanzkursus belegst,
dich mit mir im Rhythmus bewegst!"

Refrain:
Ga-ga-ga-gack, no-no-no-no, dich mit mir im Rhythmus bewegst.

4. Er sagt: „Nein, das fehlt noch gerade,
ich bin mir dafür viel zu schade,
wenn Hennen mit Leidenschaft Walzer links drehn,
dann kann es mir übel ergehn!"

Refrain: No-no-no-no, wieso, wieso, dann kann es mir übel ergehn.

5. Denn niemand kann mir garantieren,
daß mir nichts dabei wird passieren,
daß du mich nicht trampelst, nicht schubst und nicht schlägst,
wenn du dich in Wallung bewegst.

Refrain:
Ga-ga-ga-gack, no-no-no-no, wenn du dich in Wallung bewegst.

Dieses Erzähl- und Geschichtenlied eignet sich weniger für eine Aufführung. Es kann aber sehr gut zum Anlaß genommen werden, einige „Hühnerbewegungen" auszuprobieren. Beim Refrain des Liedes, den die Kinder als erstes mitsingen werden, können sie ihr Singen dann mit den geübten Bewegungen begleiten. Dafür kann der Refrain auch jeweils wiederholt werden.
Hühnerbewegungen sind am besten zu üben, indem man zunächst gemeinsam mit den Kindern freilaufende Hühner beobachtet. Hierbei sollte die Aufmerksamkeit der Kinder besonders auf die typischen Bewegungen gelenkt werden, wie *Stolzieren* (Hahn), *Flattern*, *Scharren* und *Picken*. Schon beim Beobachten können die Kinder angeregt werden, sofort die eine oder die andere Bewegung nachzuahmen, weil nur so im direkten Vergleich das Tempo, das eine Bewegung typisch werden läßt, deutlich gespürt wird.

Stolzieren: Die Kinder gehen sehr stolz und gerade. Bei jedem Schritt ziehen sie das Knie des Spielbeins zunächst sehr hoch, dann wird das Bein abrupt zu Boden geführt und durch Gewichtsübertragung zum

Standbein. Größere Kinder können diese Schrittbewegung auch mit ruckhaften Vor- und Rückbewegungen des Kopfes kombinieren.

Flattern: Die Kinder winkeln ihre beiden Arme an und schlagen mit diesen wild gegen ihren Brustkorb.

Scharren: Die Kinder stehen mit etwas krummem Rücken auf einem Bein, während das andere Bein unwillig und hektisch am Boden hin- und herscharrt. Sie beobachten ihre eigene Scharrbewegung, lassen dann plötzlich von ihr ab, sehen nach vorn und laufen dann einige Schritte vor. Sie halten abrupt wieder an und beginnen von neuem zu scharren (jetzt vielleicht einmal mit dem anderen Bein).

Picken: Die Kinder stehen mit abgegrundeter Brust-Wirbelsäule, der Kopf schaut direkt zu Boden. Mit kleinen, kurzen, knappen Bewegungen führen sie jeweils den Kopf noch etwas tiefer und wieder aufwärts. Die Unterarme liegen dabei verschränkt auf dem Rücken.

11. Der Schneemann

1. Noch gestern stand er groß und rund,
schneeweiß und stolz und kerngesund.
Der kalte dicke Mann, der kalte dicke Mann,
er schaute uns so freundlich an.

2. Kartoffeln stellten Augen dar,
und seine Nase wunderbar
war eine Wurzel krumm, war eine Wurzel krumm,
er stand und sah sich niemals um.

3. Wie sieht er heute aus, o jeh,
verändert ist der weiße Schnee,
der Mann ist grau und klein, der Mann ist grau und klein,
er tropft und schrumpft beständig ein.

4. Sein Ende ist ein Häufchen Matsch,
durch das ich mit den Stiefeln platsch
und sammel' mir dabei, und sammel' mir dabei
Gemüseallerlei.

Auch dieses Lied eignet sich nicht unbedingt für eine Aufführung. Es kann jedoch sehr gut seinen Text untermalend von Bewegungen begleitet werden.

1. Strophe: Die Kinder suchen einen festen und behäbigen Stand und versuchen, stolz dazustehen. Ihre kugelige Schneemannsform verdeutlichen sie, indem die rundgeformten Arme (Ellenbogen nach außen) um den eigenen Körper herum hin- und hergeschwenkt werden. Ihr Blick geht die ganze Zeit nur in eine Richtung. Ist es den Kindern möglich, in dieser Haltung und bei kontinuierlicher Armbewegung auch noch freundlich zu gucken?

2. Strophe: Die Kinder bleiben in ihrer festen, behäbigen Schneemannhaltung und schauen weiterhin die ganze Zeit in die gleiche Richtung. Auf „Kartoffeln stellen Augen dar" führen sie die Hände zu den Augen, als drückten sie sich große Kartoffeln auf diese. Auf „und seine Nase wunderbar" fassen sie sich mit einer Hand an ihre Nase. Auf „war eine Wurzel krumm, war eine Wurzel krumm" malen sie zweimal von ihrer Nase ausgehend eine riesige gebogene Nase in die Luft.

3. Strophe: Der Schneemann sackt langsam in sich zusammen und verläßt damit seine feste, behäbige und stolze Haltung. Die Arme hängen schwer an den Seiten. Der Kopf und der Hals schmelzen, indem sie nach vorne kippen und dann ebenfalls so schwer sind, daß sie den Rumpf hinter sich herziehen. Gleichzeitig werden die Beine weich, so daß sich der ganze Körper zu Boden bewegt.

4. Strophe: Der Schneemann liegt schwer und schlaff am Boden und fließt dort breit auseinander (mit dem ganzen Körper soviel vom Boden berühren, wie nur möglich).

12. Nikolauslied

Heut nacht um Mitternacht, da bin ich aufgewacht,
es hatte jemand Lärm gemacht und laut gelacht:
„Ho-ho, tief in der Nacht, hab' ich was mitgebracht,
ho-ho, tief in der Nacht, hab' ich was mitgebracht."

Wer trampelt da durchs Haus, vielleicht der Nikolaus?
So dachte ich und schlich mich aus dem Bett hinaus:
Tipp-tapp, wie eine Maus, ganz leis' schlich ich durchs Haus,
tipp-tapp wie eine Maus, ganz leis' schlich ich durchs Haus.

Und wirklich, was ich sah, es sträubte sich mein Haar,
ich sah ein' Riesenkerl, der bei den Schuhen war:
„He du, was machst du da? Das ist mein Stiefelpaar,
he du, was machst du da? Das ist mein Stiefelpaar!"

Und schon war es geschehn, auch er hat mich gesehn,
und fragte sanft und freundlich: „Willst du nicht zu Bette gehn?"
„Geh schnell und schlaf recht schön, denn niemand darf mich sehn,
geh schnell und schlaf recht schön, denn niemand darf mich sehn!"

Ich rannte wie der Wind, zu meinem Bett geschwind,
jetzt weiß ich wohl, daß Nikoläuse nette Riesen sind,
jetzt weiß ich wohl, daß Nikoläuse nette Riesen sind.

Dieses Lied eignet sich sehr gut dazu, es beim gemeinsamen Singen jeweils von zwei Kindern darstellen zu lassen. Es eignet sich weniger für eine große Aufführung vor den Eltern oder anderen.

1. Vorübungen für alle

Die Kinder probieren aus, schwer zu gehen und dröhnend zu lachen wie ein großer Riese. Im Gegensatz dazu versuchen sie zu trippeln und zu piepsen wie eine kleine Maus. Außerdem versuchen sie noch zu schleichen, wie jemand der nicht gehört und gesehen werden möchte.

2. Ideen für die Darstellungssituation

a) Raumeinteilung und Raumgestaltung

Die Kinder sitzen zum Singen zusammen in einem größeren Kreis. In der Mitte des Kreises sind zum Beispiel mit Seilen zwei „Zimmer" gelegt.

b) Rolleneinteilung und Kostüme

Ein Kind spielt den Nikolaus und kann mit einem Bademantel und einem großen Sack ausstaffiert werden. Ein anderes Kind übernimmt die Rolle des aufwachenden und den Nikolaus beobachtenden Kindes.

c) Darstellungsablauf

In der Mitte des Kreises befindet sich in dem einen „Zimmer" das schlafende Kind, in dem anderen „Zimmer" stehen verschiedene Schuh- und Stiefelpaare in einer Reihe, und der Nikolaus geht dort mit seinem Sack auf dem Rücken laut stampfend und dröhnend lachend hin und her.

1. Strophe: Das schlafende Kind wacht auf und lauscht zum Nebenraum, wo sich der Nikolaus laut bewegt und lacht.

2. Strophe: Das Kind steht auf, trippelt durchs „Zimmer" und schleicht langsam in das andere „Zimmer" zum Nikolaus.

3. Strophe: Das Kind bleibt wie angewurzelt stehen, rauft sich entsetzt die Haare und starrt den Nikolaus an. Dann faßt es Mut, klopft dem Nikolaus auf den Rücken und stellt seine Frage (siehe Text).

Anmerkung des Verlags: Die Gestalt des Bischofs, der im süddeutschen Raum meist als Bischof auftritt, hat hier mehr die Züge des im Norden Deutschlands bekannteren Weihnachtsmannes angenommen (vgl. dazu: Hildegard Schaufelberger, Alte und neue Bräuche im Kindergarten. Reihe „Praxisbuch Kindergarten", Verlag Herder, Freiburg 1993.)

4. Strophe: Der Nikolaus schaut sich um und sieht das Kind freundlich an. Er macht eine nette Geste in Richtung des anderen „Zimmers" und bedeutet dem Kind, wieder ins Bett zu gehen.

5. Strophe: Das Kind rennt zurück, legt sich blitzschnell wieder ins Bett und schließt die Augen.

Was können wir noch spielen? (Gesungene Gruppenspiele)

Die hier zusammengefaßten Gruppenspiele müssen alle singend begleitet werden, denn die Spielvorgänge sind mit dem jeweiligen Liedtext untrennbar verbunden, d. h. Melodie und Text der Lieder strukturieren und bestimmen weitgehend den Spielverlauf.
Den Gruppenspielen vorangestellt sind fünf Abzählverse, die neben ihrer Anwendungsfunktion die Erwachsenen dazu anregen sollen, sich auch selbst einmal Abzählverse für Kinder auszudenken oder gar mit den Kindern gemeinsam Abzählverse zu entwickeln.

Lieder

1

2

3

4

5

6

7

8

9

10

11

12

13

1. Abzählverse

Ix Ax Ux
Igel, Hase, Fuchs
gehen durch den Winterwald.
Werden ihn' die Füße kalt,
laufen sie nach Haus,
und du bist 'raus.

*

Ix Ax Ux
Igel, Hase, Fuchs
dreimal schwarzer Negerkuß,
dieses Kind jetzt laufen (bzw. suchen, holen) muß.

*

Ix Ax Ux
Igel, Hase, Fuchs
kommen an die Bärenfalle,
springen drüber, doch nicht alle,
einer springt hinein, und du mußt sein.

*

Ix Ax Ux
Igel, Hase, Fuchs
essen scharfe Currywurst,
kriegen davon großen Durst,
schenken sich was ein,
und du mußt sein.

*

Ix Ax Ux
Igel, Hase, Fuchs
dreimals schwarzer Mäusedreck,
macht ja nichts,
doch du bist weg.

Zu den Abzählversen

Es ist ausgesprochen hilfreich, im Kindergartenalltag immer einige kurze, allen bekannte und beliebte Abzählverse parat zu haben. Zum einen ist das Abzählen eine ganz notwendige, zu fast jedem Spielbeginn dazugehörige und ernstzunehmende Aktion, zum anderen trifft man im Tagesverlauf ständig auf Situationen, die den Erwachsenen zwingen, nur einem bestimmten Kind eine Aufgabe zu übergeben. Um Diskussionen aus dem Weg zu gehen, kann man in diesen Fällen ab und zu einfach zur Methode des Abzählens greifen, was von den meisten Kindern als eine sehr gerechte Methode akzeptiert wird.

2. Mutter Huhn

1. Hier kommen viele Küken mit ihrer Mutter Huhn,
   Frau Huhn beschützt die Küken,
   wie Hühner, wie Hühner, wie Hühner das so tun.

2. Sie eilen hin zum Fuchsbau: „Herr Fuchs, bist du zu Haus?
   Wir haben Angst, wir Küken,
   komm bloß nicht, komm bloß nicht, komm bloß nicht zu uns raus!“

3. Das hört der Schlaufuchs gerne, denkt „schnickschnack einerlei,
   ich hol’ mir jetzt ein Küken,
   zähl’ nur noch, zähl’ nur noch, zähl’ nur noch schnell bis drei.“

Fuchs: Eins, zwei, drei …

Aufstellung und Verlauf

Dieses ist ein Spiel für sehr große Räume (Turnhalle) oder auch für draußen. Ein Huhn und ein Fuchs werden bestimmt, die restlichen Kinder sind die Küken. Der Fuchs sitzt im „Bau“ am Ende des Raumes (des Platzes, des Spielfeldes). Huhn und Küken bewegen sich auf den „Bau“ zu und singen dabei alle drei Strophen des Liedes. Das „Huhn“ flattert um die Küken herum. Am Ende zählt der Fuchs alleine bis drei, springt bei drei auf und versucht ein Küken zu erhaschen, wobei er es allein durch die Berührung schon gefangen hat. Das Huhn, das nicht gefangen werden darf, möchte den Fuchs am Fangen hindern, indem es ihm flatternd den Weg zu versperren versucht. Die Küken laufen zurück bis hinter eine festgelegte Linie, hinter der sie dann in Sicherheit sind. Fängt der Fuchs ein Küken, so wird dieses zum Fuchs. Fängt er keines, so kann er, wenn er möchte, noch einmal den Fuchs spielen oder ein anderes Kind wird durch Abzählen zum Fuchs bestimmt.

Zur Vermittlung

Da dieses Spiel von seiner Anlage her zu einem sehr wilden Spiel werden kann, sollte man es möglichst mit alters- und stärkemäßig weitgehend ausgewogenen Gruppen spielen. Auch sollten die Kinder so reif sein, daß sie in der Turbulenz des Spiels schon ein wenig Verantwortung füreinander übernehmen können. Auf alle Fälle sollte man die Regeln aufstellen: Nicht absichtlich rempeln oder schubsen, kein Bein stellen.

Das Lied muß von dem Erzieher zunächst längere Zeit laut und deutlich spielbegleitend für die Kinder gesungen werden, bis die Kinder es tatsächlich selbst singen können. Singen die Kinder das Lied sicher, so kann man anregen, daß sie zusätzlich auch noch auf ihre Bewegungen achten und diese „kükenhaft“ (kleine nervöse Trippelschritte) beziehungsweise „hühnerhaft“ (aufgeregtes Schlagen mit den Flügeln) werden lassen.

Mögliche Vorübung

Die Kinder werden angeregt, bei nächster Gelegenheit die Bewegungen von Hühnern und Küken ganz genau zu beobachten.

3. Der gefährliche Teddy

1. Ein Teddybär liegt schlafend im Garten unterm Baum.
   Sag, ist er wohl gefährlich, sag, ist er wohl gefährlich?
   Du solltest einem schlafenden Bären niemals trau'n.

2. Ein Teddybär pflückt Blumen im Garten unterm Baum.
   Sag, ist er wohl gefährlich, sag, ist er wohl gefährlich?
   Du solltest einem pflückenden Bären niemals trau'n.

3. Ein Teddybär macht Männchen im Garten unterm Baum.
   Sag, ist er wohl gefährlich, sag, ist er wohl gefährlich?
   Du solltest einem stehenden Bären niemals trau'n.

Aufstellung und Verlauf

Mit kleineren Kindern kann man dieses Lied als reines „Pantomimespiel" umsetzen. Dabei sitzen/stehen die Kinder im Kreis, so daß sich alle gegenseitig sehen können. Das Lied wird gesungen, und die Kinder stellen dazu gemeinsam den Teddybären dar. (1. Strophe schläft der Teddy, 2. Strophe pflückt der Teddy Blumen, 3. Strophe macht der Teddy Männchen.) Am Ende jeder Strophe fallen sie dann aus der Rolle des harmlosen Tieres in die Rolle eines wilden und gefährlichen Bären, indem sie laut brummen, drohend die Klauen zeigen, die Zähne fletschen und ähnliches.

Mit größeren Kindern, die schon ein wenig Verantwortung füreinander übernehmen können, kann man das Lied als Pantomime- und Fangspiel nutzen. Dafür muß ein Kind alleine den schlafenden bzw. blumenpflükkenden oder männchenmachenden Teddybären spielen. Die anderen Kinder gehen im Kreis um den Teddy herum und singen das Lied. Am Ende der Strophe verwandelt sich der Teddy in einen wilden Bären und fängt sich eines der davonstürmenden Kinder. Das gefangene Kind wird in der nächsten Runde zum Teddy und kann sich wünschen, ob es schlafen, Blumen pflücken oder Männchen machen möchte. Die entsprechende Strophe wird dann gesungen und gespielt.

Zur Vermittlung

Zunächst kann man mit den Kindern pantomimisch ausprobieren, wie es wohl aussehen mag, wenn ein freundlicher und gemütlicher Teddybär schläft (liegt er auf dem Bauch, auf der Seite oder auf dem Rücken? Sieht man seine Atemzüge, indem sich der ganze Körper im Atemrhythmus leicht hebt und senkt? Schnarcht der Teddy? usw.). Dann probiert man aus, wie es ist, wenn ein Teddy Blumen pflückt (sind es große oder kleine Blumen, die gepflückt werden? Gibt es einen starken oder einen leichten Ruck, wenn die Blume abgepflückt wird? Wie hält der Teddy den Strauß der schon gepflückten Blumen? In welchem Tempo bewegt sich der Teddy beim Blumenpflücken? usw.). Und dann probiert man auch das Männchenmachen aus (wie sieht es aus, wenn sich das tapsige dicke Tier auf zwei Beine stellt? Steht der Bär auf zwei Beinen still oder schwankt er vielleicht etwas hin und her? Sieht der Teddy die ganze Zeit in eine Richtung oder schaut er sich vielleicht ein wenig um? Schaut er sich schnell oder langsam um? usw.).

Bei der Verwandlung des freundlichen Teddy zum gefährlichen Bären muß man aufpassen, daß sich die Kinder nicht zu sehr in die Rolle einer wildgewordenen Bestie hineinspielen und sich dann möglicherweise angstauslösend bedrohen oder gar wehtun.

Für das Lied als reines Pantomimespiel für kleinere Kinder sollte deshalb gelten, daß sich die „gefährlichen Teddies“ gegenseitig nicht berühren, sondern nur mit ihrer Stärke und mit ihren Drohgebärden voreinander angeben. Der Erzieher kann diese freie Darstellung jederzeit abbrechen und damit ein „Ausarten“ verhindern, indem er das Lied erneut zu singen beginnt und damit die wilden Tiere in brave Teddies zurückverwandelt, die entweder schlafen, Blumen pflücken oder Männchen machen, je nachdem, welche Strophe gewählt wird.
Spielt man das Lied mit größeren Kindern auch als Fangspiel, so sollte man darauf achten, daß der Teddy am Ende der Strophe nicht sofort losstürzt, sondern daß die Verwandlung in einen wilden Bären noch in der Kreismitte geschieht und dann erst das Fangen beginnt. Alle Kinder können so nämlich die Verwandlung beobachten und das Lied behält seinen Pantomimeaspekt und wird nicht zum reinen Fang- oder Tobespiel. Beim Fangen muß dann die Regel gelten: „Fangen, aber nicht wehtun“, egal, wie drohend und aggressiv der wilde Bär sich gebärdet.

4. Du armer, schöner Vogel

1. Du armer, schöner Vogel,
   wir halten dich gefang',
   in einem goldnen Käfig,
   sei beruhigt, und sei nicht mehr bang,
   sei beruhigt, und sei nicht mehr bang.

2. Du wirst niemals entfliegen,
   bleibst stets in diesem Haus,
   wir können ruhig schlafen,
   denn du kommst niemals, niemals raus,
   denn du kommst niemals, niemals raus.

Aufstellung und Verlauf

Ein Kind ist der arme schöne Vogel, die anderen Kinder bilden um den Vogel herum einen „Käfig". Der „Käfig" entsteht, indem die Kinder mit gegrätschten Beinen im Kreis stehen und sich fest an den Händen fassen. Während alle die zwei Strophen des Liedes singen, flattert der schöne Vogel im Innern des Kreises herum. Auf den Text: „Wir können ruhig schlafen", machen die „Käfigkinder" die Augen zu. Das Lied ist dann beendet, und die Kinder stehen mit geschlossenen Augen und lauschen nur noch. Der Vogel fühlt sich jetzt unbeobachtet und versucht möglichst schnell und mit nur wenig Berührung durch ein Paar gegrätschter Beine zu entwiechen. Wird dieses früh genug bemerkt, so darf der Vogel mit den Beinen festgehalten werden, muß zurück in den Käfig und das Entschlüpfen noch einmal versuchen, durch einen anderen „Ausgang". Ist der Vogel freigekommen, so wird dasjenige Kind, durch dessen Beine er entwichen ist, zum „armen, schönen Vogel".

Zur Vermittlung

Der Raum, in dem die Kinder den Käfigkreis bilden, darf nicht zu klein sein, weil der Vogel manchmal mit sehr viel Schwung entweicht und dafür außerhalb des Kreises etwas Platz braucht. Sehr viel Spaß bringt das Spiel auf glattem rutschigen Boden, auf dem Kinder mit Schwung durch die gegrätschten Beine hindurchgleiten können. Der Erzieher sollte darauf achten, daß das Spiel nicht mit Kraft gespielt wird, daß also kein Kind unangenehm zwischen zwei Beinen festgeklemmt wird. Schon das leichte Zusammennehmen der Beine sollte den Vogel veranlassen, in den Käfig zurückzukehren und einen anderen Ausweg zu suchen.

Auch wenn das Lied fordert, daß die „Käfigkinder" die Augen geschlossen halten, so kann und soll man nicht verhindern, daß immer mal das eine oder andere Kind zur Orientierung ein wenig blinzelt. Der Vogel wird schlau genug sein, dort seinen Ausbruch zu versuchen, wo gerade nicht geguckt wird.

Die Melodie des Liedes wird von den meisten Kindern als sehr beruhigend empfunden. Deshalb besteht bei diesem Spiel kaum die Gefahr, daß es zu einem Tobespiel wird. Auch durch die lange Singphase, in der allein der Vogel im Käfig etwas herumflattert, ist es eher ein ruhiges Spiel.

5. Der Rattenfänger

Pipelipelip geht meine Flöte,
lockt die Ratten an und zieht sie mit.
Pipelipelip geht meine Flöte,
alle folgen mir auf Schritt und Tritt.
Doch da hör' ich, ein Tier will nicht,
tanzt 'ne Ratte aus der Reihe raus.
Alle stop! Ich muß jetzt lauschen,
Ratte stoß ein' Rattenton mir aus!

Aufstellung und Verlauf

Das Lied ist für ältere Kindergarten- und Vorschulkinder gedacht. Ein Kind ist der Rattenfänger, ein anderes Kind ist die unfolgsame Ratte, und alle anderen Kinder sind die folgsamen Ratten.
Der Rattenfänger darf nicht wissen, welches Kind zur unfolgsamen Ratte bestimmt wurde. Alle singen das Lied gemeinsam. Dabei geht der Rattenfänger voran durch den Raum und tut so, als spielte er auf einer Flöte. Er darf sich nicht umsehen. Alle Kinder folgen ihm dicht auf den Fersen in einer geraden Reihe und fassen sich dabei an. Nur die „unfolgsame Ratte" geht dicht neben der Reihe. Sie treibt dabei ihre unfolgsamen Späße, geht mal vorwärts, mal rückwärts, dreht sich, zieht Grimassen und ähnliches. Dem Text entsprechend stoppt der Rattenfänger das Gehen und fordert die unfolgsame Ratte auf, einen Ton von sich zu geben. Erkennt der „Rattenfänger" das Kind am abgegebenen Ton, so wird er im nächsten Durchgang zu einer folgsamen Ratte. Das erkannte Kind wird zum Rattenfänger und eine neue unfolgsame Ratte wird bestimmt.

Zur Vermittlung

Es wird längere Zeit dauern, bis alle Kinder das Singen des umfangreichen Liedtextes und das Bewegen kombinieren können. Es ist also ein Spiel, das von den Erwachsenen zunächst stark durch ihr Mitsingen geführt werden muß.

6. Du kannst nicht sehn

Du kannst nicht sehn,
wir tanzen wild um dich herum,
du kannst nicht sehn,
wir tanzen um dich rum.
Das ist nicht dumm,
das geht so schön, das geht so schön.
Da heißt es „Halt!"
Wir bleiben plötzlich stehn.

„Ich zeig' auf ein'n, wer mag das sein?
Ich zeig' auf ein'n, wer mag das sein?
Gib mir, gib mir ein'n Ton, nur du allein!"

Aufstellung und Verlauf

Ein Kind steht mit geschlossenen oder mit verbundenen Augen in der Mitte. Die anderen Kinder bilden einen Kreis und tanzen frei und „wild" um das „blinde" Kind herum, wobei der erste Teil des Liedes gesungen wird. Bei der Textstelle: „Da heißt es ‚Halt'", bleiben die Kinder mit dem Wort „Halt" wie festgefroren stehen und verharren in ihrer „gefrorenen" Haltung bis zum Ende der Phrase, auf die der Text: „Wir bleiben plötzlich stehen", gesungen wird.
Mit Beginn des zweiten Liedteils: „Ich zeig' auf ein'n, wer mag das sein..." lösen sich die Kinder aus ihren erstarrten Haltungen, fassen sich an den Händen und ziehen sich möglichst lautlos zu einem engen Kreis zusammen (Schulter an Schulter). Das „blinde" Kind in der Kreismitte dreht sich gleichzeitig sehr langsam um seine eigene Achse, bis es am Ende des Liedes stehenbleibt, seinen Arm ausstreckt und so auf eines der um es herumstehenden Kinder zeigt. Das Kind, auf welches gezeigt wird, muß nun einen Ton abgeben. Wird es am Ton vom „blinden" Kind erkannt, so wird es in der nächsten Runde selbst zum „blinden" Kind und steht dann in der Mitte des Kreises. Wird das tonabgebende Kind nicht erkannt, so darf das „blinde" Kind den Schluß des Liedes noch einmal singen, sich dazu drehen und einen erneuten „Erkennungsversuch" machen.

Zur Vermittlung

Das Verbinden der Augen über eine so lange Zeit, in der um einen herum soviel passiert, ist besonders für jüngere Kinder oft nicht einfach. Man kann deshalb dem Kind in der Mitte auch vorschlagen, die Augen nur selbst zu schließen. Wenn es dann ab und zu einmal blinzeln muß, so stört das den Spielverlauf nicht sehr. Nur am Ende beim „Tonerkennen" muß darauf geachtet werden, daß wirklich „blind" und nicht „blinzelnd" das tonabgebende Kind identifiziert wird.
Das Lied ist in seinem ersten Teil eine Art „gesungener Stopptanz", der den Kindern besonders viel Spaß bringt, wenn darauf geachtet wird, daß sie auch wirklich aus der Bewegung heraus (auf „Halt") plötzlich ganz stillstehen und in den oft bizarr sich ergebenden Haltungen einen Moment lang (bis zum Ende der Phrase) ganz konzentriert und gespannt verharren. Das ist bei diesem „Stopptanz" besonders schwierig, weil die Kinder einerseits ganz stillstehen, andererseits aber auch noch

weiterhin mitsingen sollen. Dieses führt häufig dazu, daß die in ihrer Haltung verharrenden Kinder das Ende der Phrase: „Wir bleiben plötzlich stehen“, sehr angespannt und gequetscht singen, was in diesem Zusammenhang und über diese kurze Strecke hinweg gern akzeptiert werden kann.
Der zweite Teil des Liedes sollte möglichst vom „blinden“ Kind in der Kreismitte allein gesungen werden, während sich die anderen Kinder lautlos zu einem engen Kreis zusammenziehen. Ist das Kind in der Mitte aus welchen Gründen auch immer dazu nicht in der Lage, so funktioniert das Spiel auch, wenn alle Kinder den zweiten Liedteil singend unterstützen. Der Erzieher muß in diesem Fall nur darauf achten, daß sich das „blinde“ Kind zwar langsam, aber eindeutig um seine eigene Achse dreht. Darf es nämlich stillstehen und schon lauschen, während die anderen Kinder noch singen, so wird es am Ende ein Kind nicht erst an seinem abgegebenen Ton erkennen, sondern schon früher am sehr viel deutlicheren Gesang erkannt haben.

7. Das Riesenschlangentier

Wir sind ein Riesenschlangentier, mit Sicherheit gefährlich!
ZZZZZZZ (gefährliches Zischgeräusch).
Wir zischeln, zascheln durch das Gras,
paß auf und fürchte dich.
Der/die (Name des ersten Kindes in der Schlangenreihe)
  ist der Schlangenkopf,
führt uns beim Schlangentanze,
doch jetzt, jetzt ist der/die (Name des zweiten Kindes
  in der Schlangenreihe) dran,
der/die (Name des ersten Kindes) wird zum Schwanze.

Aufstellung und Verlauf

Die Kinder fassen sich an den Händen und bilden so eine lange „Schlange“. Der/die erste ist der „Schlangenkopf“ und führt die Kinder auf möglichst interessanten Wegen durch den Raum. Auf den Liedtext „... wird zum Schwanze“ läuft der „Schlangenkopf“ ans Ende der Schlange und hängt sich dort an das letzte Kind an. Das nun an den Anfang gerückte Kind ist beim nächsten Lieddurchgang der führende „Schlangenkopf“ und wird am Ende des Liedes auf die gleiche Weise zum „Schlangenschwanz“ usw. Nach dem Text: „... mit Sicherheit gefährlich“ hält die Schlange kurz in ihrer Vorwärtsbewegung inne, sieht sich im Raum um und stößt einen harten Zischlaut aus. Mit Beginn der nächsten Singphase setzt sie sich dann wieder in Bewegung.

Zur Vermittlung

Die Kinder müssen dazu angehalten werden, sehr bewußt spannende und interessante Wege im Raum zu wählen, um zu vermeiden, daß die Schlange immer nur im Kreis herumläuft. Die Schlange sollte sich möglichst kontinuierlich auf dem ihr vom „Kopf“ angewiesenen Weg entlangschlängeln können, wobei die Kinder auch noch angefaßt bleiben, deshalb dürfen die Wege nicht zu kompliziert werden, wie z. B. Klettern auf oder über höhere Gegenstände, langes Kriechen unter Stühlen und Tischen und durch enge Passagen. Gewählt werden sollten eher spannende Kurven und Zickzacklinien, Spiralen, Schleifen und Achten durch den Raum. Hierbei muß darauf geachtet werden, daß jedes einzelne „Schlangenglied“ sich bemüht, den vorgegebenen Weg auch wirklich ganz genau nachzugehen, so daß sich die Wegform, die sich der „Kopf“ ausgedacht hat, nicht zum Ende der Schlange hin verliert.

Mögliche Vorübungen

Um die Kinder Vorstellungen entwickeln zu lassen von der Vielfalt möglicher Wege im Raum, kann man z. B. folgende Vorübungen machen:

1. Die Kinder sitzen im großen Kreis am Boden. Jedes Kind hat ein Seil und legt mit seinem Seil einen „spannenden“ Weg.

- Die Kinder „balancieren“ auf ihrem eigenen Weg, d. h., sie gehen auf dem selbstgelegten Seil mit kleinen „Mäuseschritten“ (die Ferse setzt möglichst direkt an den Zehen an) sehr vorsichtig spazieren, möglichst ohne das Seil in seiner Form zu verändern.
- Jedes Kind geht auf dem vom Nachbarkind gelegten Seil spazieren.

2. Die Kinder sitzen im großen Kreis am Boden. Jedes Kind hat ein Seil. Ein Kind steht auf, legt in der Kreismitte einen Weg mit seinem Seil und setzt sich dann zurück an seinen Platz. Das nächste Kind steht auf, ver-

längert mit seinem Seil den begonnenen Weg und setzt sich wieder. Das nächste Kind steht auf usw. Es entsteht so sehr langsam, und für alle Kinder gut zu beobachten, ein von allen gemeinsam gelegter langer Weg.

- Die Kinder gehen auf ihrem Weg entlang, indem sie nacheinander und mit geraumem Abstand alle in die gleiche Richtung losbalancieren.
- Alle Kinder balancieren im eigenen Tempo und in selbstgewählter Richtung auf dem Seil herum. Sie versuchen dabei, aneinander vorbeizukommen, indem sie sich gegenseitig helfen und darum besorgt sind, daß keiner „vom Seil fällt". Bei diesem Spiel ist es nicht zu verhindern, daß die ursprüngliche Seilform hier und da verrutscht.

3. Mit größeren Kindern kann man z. B. ein Bettuch als „Zimmergrundriß" in die Mitte des Kreises legen. Die Kinder sitzen im großen Kreis um das Bettuch herum, jedes Kind hat ein Seil und legt damit einen einfachen „Weg" vor sich.

- Jedes Kind versucht die Form des von ihm gelegten Seils zu übertragen, indem es die Form auf dem „Zimmergrundriß" als Weg zurücklegt.
- Jedes Kind sucht sich einen „fremden Weg" aus, den ein anderes Kind gelegt hat und versucht, diesen auf dem „Zimmergrundriß" zu gehen.

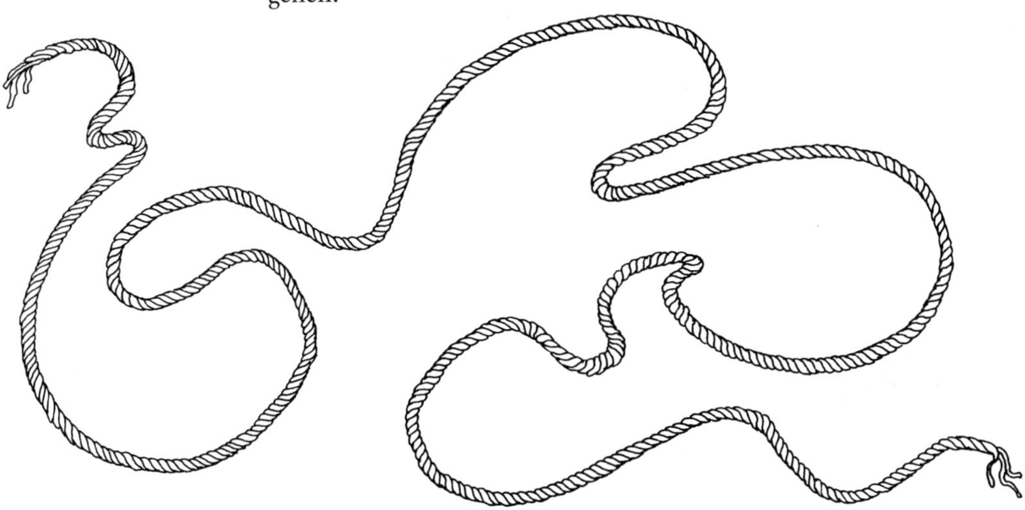

8. Die Tage komm', die Tage gehn

Die Tage komm', die Tage gehn,
gehn hintereinander,
Montag, Dienstag, Mittwoch, Donnerstag,
Freitag, Samstag, Sonntag.
Die Tage komm', die Tage gehn,
gehn hintereinander, doch da, doch da, ist
Montag (oder Dienstag, Mittwoch ...) nicht mehr da.
Montag, Montag, komm zurücke,
sonst gibt's eine Tageslücke,
Montag, laß doch bloß den Blödsinn sein,
komm und reih dich wieder ein!

Aufstellung und Verlauf

Jedes Kind bekommt einen Wochentag zugeordnet. Sind es mehr als sieben Kinder, die mitspielen wollen, so muß man z. B. zwei Montage, drei Dienstage, vier Sonntage oder ähnliches bestimmen.
Die Kinder gehen im Kreis dem Text entsprechend hintereinander, singen dabei das Lied und klatschen Viertelnoten in die Hände. Mit der ersten Strophe wird im Text Montag eingesetzt, mit der zweiten Strophe Dienstag usw. Auf die Textstelle: „ist Montag (bzw. Dienstag usw.) nicht mehr da", schert der jeweilige „Tag" aus dem gehenden Kreis aus, springt in die Kreismitte und macht dort seinen eigenen „Blödsinn". Die anderen „Tage" bleiben stehen, wenden sich dem Geschehen in der Kreismitte zu und setzen das Lied fort, indem sie den „Blödsinn-Macher" überreden, zurückzukommen. Am Ende des Liedes haben sie ihn überredet. Der „Tag" kommt und reiht sich wieder ein. Das Lied beginnt von vorn, und nun schert der nächste Wochentag aus usw.

Zur Vermittlung

Damit den „Tagen", die in die Mitte ausscheren, auch eine Idee kommt, was sie dort an „Blödsinn" veranstalten können, sollte man vorher mit ihnen schon einmal den einen und den anderen „Blödsinn" ausprobiert haben. Dafür kann man die Kinder bitten, sich gegenseitig ihre albernste, ernsthafteste oder furchterregendste Grimasse, Haltung oder Bewegung zu zeigen. Dabei muß dann deutlich werden, daß jeder auf eigene Ideen kommen kann, indem auch sehr kleine und vorsichtige Einfälle ihre Beachtung finden. Wenn die Kinder nicht ein wenig Sicherheit haben, daß ihnen eigener „Blödsinn" einfällt, so kann es leicht passieren, daß sie jeweils nur das imitieren, was das vorangegangene Kind gerade gemacht hat, und daß nur die selbstsicheren „Spaßmacher" der Gruppe ihre Anerkennung bekommen.

9. Komm, wir tanzen einen Schubi

Komm, wir tanzen einen Schubi,
schabba-dabba-dibba-dabba-du.
Alles wackelt, schlenkert, schlackert,
und der tollste Schlackermann (die tollste Schlackerfrau) bist du.
Komm Luise, komm jetzt in die Mitte, zeig uns
bist du gut in Form?
Zeig uns deine allerbesten Schubischritte,
das ist ja enorm!
Schabba-dabba-du.
Komm wir tanzen einen Schubi...

Aufstellung und Verlauf

Die Kinder tanzen im Kreis herum. Sie sind unangefaßt und schlenkern und schlackern dem Text entsprechend wild mit allen Körperteilen. Auf den Text: „Komm, z.B. Peter, komm jetzt in die Mitte", kommt das entsprechende Kind als Solotänzer/in in die Mitte und reiht sich am Ende des Liedes auf den Text „Schabba-dabba-du" wieder ein. Im nächsten Durchgang wird ein anderes Kind in die Mitte gebeten usw.

Zur Vermittlung

Die Reihenfolge, in der die einzelnen Kinder als Solotänzer/innen in die Mitte gebeten werden, muß vor Spielbeginn gemeinsam festgelegt werden. Man kann aus dem Spiel auch einen Stoptanz machen, indem die Kinder, die außen im Kreis herumtanzen, in dem Augenblick, in dem das einzelne Kind in die Mitte gebeten wird, wie angewurzelt stehen bleiben. Erst auf „Schabba-dabba-du", wenn sich das solotanzende Kind wieder einreiht, lösen sie sich aus ihrer Erstarrung und tanzen mit Beginn des nächsten Durchgangs den ersten Teil des Liedes wieder wild mit.

10. Ich seh' dich und du siehst mich

Wir gehen immer im Kreis herum,
ja, wir gehen immer im Kreis herum.
Ich seh' dich, und du siehst mich,
ich seh' dich, und du siehst mich.
Wir gehen immer im Kreis herum,
ja, wir gehen immer im Kreis herum.

Wir laufen, hüpfen, drehen, schleichen,
schwimmen, fahren Fahrrad usw.

Zum Beispiel: Wir fahren Fahrrad im Kreis herum,
ja, wir fahren Fahrrad im Kreis herum.
Oder: Wir steigen über Steine im Kreis herum ... usw.

Aufstellung und Verlauf

Dies ist ein Lied und Bewegungsspiel für sehr kleine Kinder. Das Lied besteht aus drei Teilen (a, b, a-). Auf Teil a) (Takt 1 bis 4) gehen die Kinder im Kreis herum. Auf Teil b) (Takt 5 bis 8) bleiben die Kinder stehen und sehen sich sehr bewußt gegenseitig an. Auf Teil a- (Takt 9 bis 12) gehen die Kinder wieder im Kreis herum.

Zur Vermittlung

Die Kinder sollten angeregt werden, auf Teil b) möglichst viele Blicke der anderen Kinder zu erhaschen, indem sie selbst wechselnd zu verschiedenen Kindern hinschauen. Dieses kann erreicht werden, indem die Erwachsenen das Lied mitspielen und das Anschauen möglichst vieler verschiedener Kinder auf Teil b) deutlich vormachen.
Wenn die Kinder das Lied sicher gelernt haben und die verschiedenen Liedteile gut spüren, so kann man sie dazu anhalten, Bewegungsvorschläge einzubringen, wie: „Wir hopsen, kriechen, schleichen, tanzen, trampeln, trippeln, sitzen, schwimmen (und ähnlich) alle im Kreis herum". Nun muß darauf geachtet werden, daß wegen der Konzentration auf die jeweilige Bewegung nicht das Stillstehen und Einander-Anschauen in Teil b) versäumt wird.

Mögliche Vorübungen

Um die Kinder an das Lied und seine Dreiteiligkeit heranzuführen, kann man z.B. folgende Vorübungen machen. Der Erzieher singt den Kindern das Lied vor oder spielt es für sie auf einem Instrument.

a) Solange die Kinder das Lied hören, gehen sie durch den Raum. Ist es zu Ende, setzen sie sich dort, wo sie gerade sind, zu Boden. Dieses macht man häufiger hintereinander, bis den Kindern die Melodie schon ein wenig vertraut ist.
b) Jedes Kind sitzt in einem „Haus" (auf einem Baustein, in einem um sich herumgelegten Seil oder ähnlich). Wenn das Lied beginnt, gehen die Kinder aus dem „Haus" hinaus und zwischen den „Häusern" hindurch. Am Ende des Liedes setzen sie sich schnell in das Haus, was ihnen gerade am nächsten ist. Ist dieses schon besetzt, so nehmen sie ein anderes „Haus".
c) Jedes Kind sitzt in seinem „Haus". Mit Beginn des Liedes verläßt es sein „Haus", geht, solange das Lied dauert, zwischen allen „Häusern" spazieren, um sich am Ende wieder in seinem eigenen „Haus" einzufinden und niederzulassen.
d) Die Kinder sitzen (mit geschlossenen Augen) jedes in seinem „Haus". Sie lauschen „blind" der Melodie und heben den Arm, wenn der erste Teil a) der Melodie beendet ist. Auf Teil b) behalten sie den Arm oben und auf Teil a-) nehmen sie ihn wieder herunter. Auch diejenigen Kinder, die die einzelnen Liedteile zunächst noch nicht unterscheiden können, werden mit dieser Übung langsam eine Erkennfähigkeit der Einzelteile entwickeln, weil sie sich am Armheben der anderen Kinder orientieren.
e) Später kann man Übung d) dann mit geschlossenen Augen machen lassen.

11. Tschu, tschu, tschu, die Eisenbahn

Tschu, tschu, tschu, die Eisenbahn,
wer kommt mit zur Großmutter?
Ich mag nicht alleine fahr'n,
Peter, häng dich hinten an!

Aufstellung und Verlauf

Dieses Spiellied wurde von fünfjährigen Kindern im Kindergarten selbst entwickelt. Es ist so einfach, daß auch schon die Dreijährigen mitspielen und mitsingen können. Die Kinder sitzen oder stehen an beliebigen Orten im Raum verteilt. Ein Kind (Lokomotive) geht auf möglichst „interessanten" Wegen durch den Raum und um die anderen Kinder herum. Es singt dabei das Lied allein, kann aber auch von allen anderen Kindern beim Singen unterstützt werden, wenn es zum Alleinesingen noch nicht bereit ist. Auf den letzten zwei Takten hält die „Lokomotive" vor einem Kind, z.B. vor Peter, dessen Namen dann auch im Text eingesetzt wird: „Peter, häng' dich hinten an!" Peter folgt der Aufforderung. Das Lied beginnt von vorne, bis möglichst alle Kinder hinten an die „Lokomotive" angehängt sind.

12. Die rasende Eisenbahn

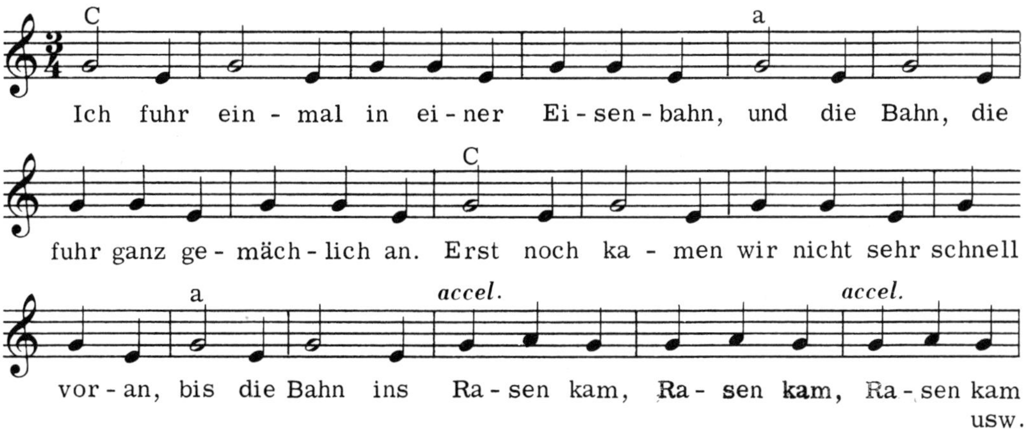

Ich fuhr einmal in einer Eisenbahn,
und die Bahn, die fuhr ganz gemächlich an.
Erst noch kamen wir nicht sehr schnell voran,
bis die Bahn ins Rasen kam, Rasen kam, Rasen kam,
Halt, stop, halt an!

Aufstellung und Verlauf

Die Kinder finden sich in Paaren zusammen. Die Paare sitzen oder stehen sich jeweils gegenüber. Das Lied wird von allen gesungen und von der gleichen Bewegung begleitet.
1. Klatsch auf die eigenen Oberschenkel,
2. Die eigenen Händen klatschen zusammen,
3. Die Handflächen klatschen gegen die Handflächen des gegenübersitzenden oder -stehenden Kindes.
Diese Dreierbewegung (Fahrgeräusch der Lokomotive) wird gleichmäßig auf jedem Takt durchgehalten.

Mit dem Schnellerwerden des Liedes wird selbstverständlich auch die begleitende Dreierbewegung schneller.

Zur Vermittlung

Eine gleichmäßige Dreierbewegung auszuführen, indem gleichzeitig gesungen wird, gelingt erfahrungsgemäß nur älteren Kindern ab fünf Jahren. Das Lied sollte über die ersten vier Takte sehr langsam begonnen werden, so daß sich alle Kinder sicher in die Dreierbewegung einfinden können. Erst dann wird das Tempo nach Belieben angezogen (die Eisenbahn kommt ins Rasen). Das Lied endet damit, daß die Bahn so schnell fährt, daß Singen und Klatschbewegungen auseinanderfallen.

13. Die Wäscheleinengeister

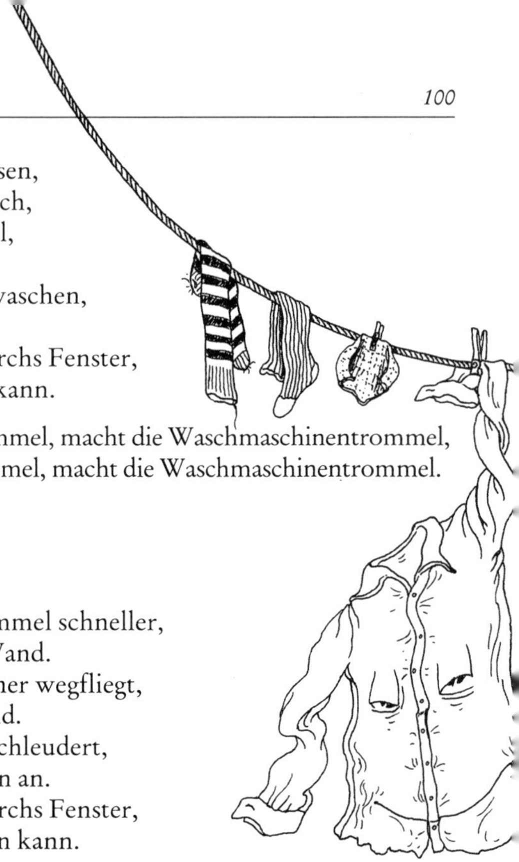

1. Röcke, Strümpfe, Unterhosen,
Unterhemd und Taschentuch,
alle Wäsche in die Trommel,
ist sie voll, ist es genug.
Ab mit euch, jetzt wird gewaschen,
Klappe zu und Schalter an!
Ach, wie schön, daß ich durchs Fenster,
euch beim Waschen sehen kann.

Rummel, rommel, rummel, rommel, macht die Waschmaschinentrommel,
rummel, rommel, rummel, rommel, macht die Waschmaschinentrommel.
rummel ...

KNACKS!!!

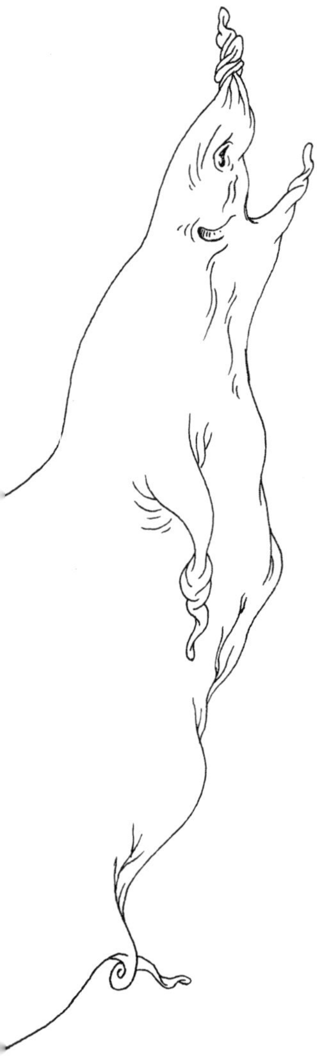

2. Knacks, jetzt wird die Trommel schneller,
drängt die Wäsche an die Wand.
Schnell zum Kreis, daß keiner wegfliegt,
haltet euch fest bei der Hand.
Ab mit euch, jetzt wird geschleudert,
ja, jetzt fängt das Schleudern an.
Ach, wie schön, daß ich durchs Fenster,
euch beim Schleudern sehen kann.

Rummel, rommel, rummel, rommel, macht die Waschmaschinentrommel,
rummel...

STOP!!!

3. Stop, jetzt ist die Wäsche fertig, und ich mach' die Trommel auf,
nehme jedes Stückchen Wäsche,
häng' es auf die Leine drauf.
Ab mit euch an Wind und Sonne,
warme Winde trocknen dann.
Ach, wie schön, daß ich das Flattern,
euer Flattern sehen kann.

Knatter, flatter, frisch und reine, wird die Wäsche auf der Leine,
knatter, flatter, frisch und reine, wird die Wäsche auf der Leine,
knatter...

DOCH!!!

4. Doch die Wäsche wird nicht trocken,
sie bleibt hängen über Nacht.
Als die Turmuhr 12 geschlagen,
Wäschegeister sind erwacht.

1, 2, 3, 4, 5, 6, 7, 8, 9, 10, 11, 12

Und sie steigen von der Leine,
geistern, schrecken jedermann.
Ach wie schön, daß ich im Schlafe,
euch im Traum nur sehen kann.

Husch-hi-hi, ich mach' dir Beine, wir sind Geister von der Leine,
husch-hi-hi, ich mach' dir Beine, wir sind Geister von der Leine,
husch-hi-hi ...

EINS!!!

5. Eins hat da die Uhr geschlagen,
und die Geister geben Ruh',
schleichen nur noch schlapp und träge
auf die Wäscheleine zu.
Und dort hängen sie am Morgen,
wild zerzaust mit Flecken dran.
Ach wie schön, daß ich alleine
nur vom Spuk erzählen kann.

Ach, o Schreck, wir sind nicht sauber, denn wir hatten Budenzauber,
ach oh Schreck, wir sind nicht sauber, denn wir hatten Budenzauber,
ach oh Schreck ...

Aufstellung und Verlauf

Ein Kind wird als die Person bestimmt, die die Wäsche wäscht (Waschkind). Dieses ist auch die eigentliche Erzählperson, obwohl das Lied von allen, die am Spiel beteiligt sind, mitgesungen werden kann. Ein weiteres Kind übernimmt die Sprechrolle für die Worte „Knacks", „Stop", „Doch", „Eins" zwischen den Strophen (Sprechkind). Alle anderen, die mitspielen wollen, sind die im Text erwähnten Kleidungsstücke (Röcke, Strümpfe, Unterhosen, Unterhemden und Taschentücher).
In der Mitte des Raumes wird z. B. mit Seilen ein großer Kreis gelegt, die „Waschmaschinentrommel". Außerdem gibt es noch eine „Wäscheleine". Dazu kann zum Beispiel eine im Raum befindliche Sprossenwand dienen, oder es wird tatsächlich eine Leine durch den Raum gespannt.
Der Spielverlauf folgt dem gesungenen Text.

1. Strophe: Die Kinder sitzen außerhalb der Waschmaschinentrommel irgendwo im Raum und werden nacheinander von dem Waschkind in die Trommel geführt, wo sie sich wieder recht gemütlich und möglichst eng aneinandergelehnt niederlassen. Dieser Vorgang kann gut über die gesungene Länge der ersten Strophe hinaus dauern. Sind alle Kleidungsstücke in der Trommel, so schließt das Waschkind diese pantomimisch zu und setzt die Trommel mit einem imaginären Schalter in Gang. Nun sprechen alle den Text: „Rummel, rommel ...", und die Kinder in der Waschtrommel beginnen leicht hin und her zu schwanken, als würden sie leicht vom Waschwasser bewegt. Das Waschkind steht dabei vor der Trommel, hat befriedigt die Arme in die Hüften gestemmt und schwankt beim Beobachten der Wäsche ebenfalls leicht hin und her.
Das Sprechkind setzt diesem ersten „Waschvorgang" ein Ende, nachdem der Sprechtext „Rummel, rommel ..." mehrfach wiederholt wurde. Es ruft laut „KNACKS".

2. Strophe: Die „Wäsche" in der Trommel erhebt sich und bildet einen gefaßten Kreis (dieser darf etwas größer werden als der mit Seilen gelegte Kreis, der die Waschmaschinentrommel angedeutet hatte). Auf den Sprechtext „Rummel, rommel ..." beginnt sich der gefaßte Kreis in eine Kreisrichtung zu drehen. Der Text kann mit jeder Wiederholung etwas schneller gesprochen werden und damit sollte sich auch die Drehgeschwindigkeit des Kreises etwas erhöhen. Auch diesem Vorgang setzt das Sprechkind mit einem lauten „STOP" ein Ende.

3. Strophe: Die Trommel ist zum Stillstand gekommen, das Waschkind öffnet pantomimisch die Waschmaschine, nimmt nacheinander die Wäschestücke heraus und hängt sie auf die „Wäscheleine" (Sprossenwand oder reale Leine, an der sich die Kinder mit ihren Händen festhalten). Sind alle Kinder auf der Leine, so beginnen sie auf den Sprechtext „Knatter, flatter, frisch ..." wild mit dem Körper zu zappeln, als würden sie knatternd im Wind bewegt.

4. Strophe: Die Wäschestücke auf der Leine flattern nun etwas weniger heftig, und das Waschkind legt sich vor die Trommel und „schläft ein". Das Sprechkind schlägt auf einem Gong zwölf Schläge, die Wäschestükke lösen sich von der Leine und geistern auf den Sprechtext: „Husch-hihi ..." frei im Raum herum. Sie machen geduckte geisterhafte Bewegungen, schleichen aneinander vorbei und erschrecken sich gegenseitig und das schlafende Kind.

Auch dieser spukhafte Vorgang wird unterbrochen, indem das Sprechkind einmal laut auf den Gong schlägt und dazu „EINS“ ruft.

5. Strophe: Die geisterhaften Bewegungen erschlaffen und die Wäschestücke kehren schlapp und müde zurück zur Wäscheleine. Auf den Sprechtext: „Ach, oh Schreck ...“ hängen sie träge sich bewegend an der Leine, und ihr Sprechen und die Bewegungen werden immer klangloser und langsamer, bis sie schließlich ausklingen.

Zur Vermittlung/Mögliche Vorübungen

Im Spielverlauf ergeben sich Bewegungsaktionen, die mit den Kindern auch einzeln geübt werden können.

1. Gruppenbewegung mit Rückenkontakt (Strophe 1)
Die Kinder sitzen in der Mitte des Raumes und lehnen sich mit ihren Rücken aneinander.
- Ist es dabei möglich, daß jedes Kind irgendeinen Rückenteil eines oder mehrerer anderer Kinder spürt?
- Ist es möglich, daß sich alle Kinder möglichst gemütlich anlehnen, oder gibt es einige Kinder, die sich so fest anlehnen, daß andere Kinder gegenstemmen müssen?

Gelingt es den Kindern, sich einigermaßen gemütlich aneinander zu lehnen, so können sie versuchen, zunächst sehr langsame Schaukel- oder Rotierbewegungen auszuführen, ohne daß der Rückenkontakt verloren geht.
- Ist es den Kindern möglich, gemeinsam in eine Bewegung hineinzukommen, oder gibt es bestimmte Kinder, die die Bewegung eindeutig in Gang setzen?
- Ist es möglich, die Gruppenbewegung größer und kleiner werden zu lassen, ohne daß die Rückenkontakte verloren gehen?

Mit älteren Kindern ab 5 Jahren kann nun versucht werden, sich als Gruppe aus der Sitzhaltung zum Stand zu erheben, indem ebenfalls möglichst viel Rückenkontakt erhalten bleibt (wenn zeitweilig nur ein wenig „Hinternkontakt“ besteht, ist das auch akzeptabel). Hat sich die Gruppe zum Stand erhoben, so nimmt sie sofort wieder so viel Rückenkontakt auf wie möglich und beginnt, sich gehend durch den Raum zu bewegen, ohne daß sich die Rücken lösen und ohne daß ein Kind die Richtung angibt.
- Ist es hierbei möglich, sich als Gruppe im Raum vorwärts, rückwärts, seitwärts, schneller und wieder langsamer zu bewegen?

2. Synchrone Sprache und Schrittbewegung (Strophe 2)
Um dieses vorzuüben, kann gern der Satz „Rummel, rommel, rummel, rommel, macht die Waschmaschinentrommel" genutzt werden. Die Kinder stehen gefaßt im Kreis und beginnen zunächst sehr langsame Schritte zum gesprochenen Text.

Mit jeder Wiederholung werden die Sprache (Achtelnoten) und damit auch die Schritte (Viertelnoten) schneller.

3. Bewegungen mit dem ganzen Körper bei fixierten Händen (Strophe 3)
Die Kinder hängen sich an eine Sprossenwand, oder sie fassen mit beiden Händen an einen festen Gegenstand (Fixpunkt) und bemühen sich um möglichst vielseitige Bewegungen (langsame, schnelle, weiche, harte, kraftvolle, schlappe, sanfte, wütende u. ä.) ohne die Hände zu lösen.

4. Geisterhafte Schreckbewegungen (Strophe 4)
Die Kinder probieren aus, was sie selber unter geisterhaften Schreckbewegungen verstehen.
- Sind sie große Geister oder kleine Geister?
- Sind sie leichte oder schwere Geister?
- Sind sie schnelle oder langsame Geister?
- Sind sie böse oder liebe Geister?
- Sind sie fröhliche oder ernste Geister?

Die Kinder können ihre Bewegungen mit dem Satz: „Husch-hi-hi, ich mach dir Beine, wir sind Geister von der Leine" begleiten.

5. Sprache und freie Bewegungen werden möglichst synchron langsamer (Strophe 5)
Zunächst wird der Satz: „Ach, o Schreck, wir sind nicht sauber, denn wir hatten Budenzauber" gemeinsam im normalen Tempo gesprochen. Wenn alle Kinder diesen Satz sicher und mit Ausdruck sprechen können, so kann versucht werden, beim Sprechen gemeinsam immer langsamer zu werden, bis zum Schluß die Sprache „versiegt". Ist den Kindern das gemeinsame Langsamerwerden beim Sprechen möglich, so kann die Sprache mit der unter 3. beschriebenen Bewegung kombiniert werden, d. h., die freien Bewegungen mit fixierten Händen und die Sprache werden nun bei jedem einzelnen Kind und gleichzeitig in der ganzen Gruppe möglichst synchron langsamer.

Der Kindergartentag ist beendet

Die Abholphase am Ende des Kindergartentages ist in den verschiedenen Einrichtungen unterschiedlich lang, abhängig von organisatorischen Bedingungen und pädagogischen Konzepten.
Wünschenswert für kurze wie lange Abholphasen ist, daß diese kein zufälliges und unstrukturiertes „Auseinanderlaufen" der Kinder darstellen. Sie sollten hingegen durch gezielte Aktionen zu einem gemeinsamen Abschluß gestaltet werden. Dieses ist beispielsweise erreichbar, indem noch einmal zusammen gesungen oder gespielt wird.
In diesem Kapitel finden sich dafür Abschiedslieder (Lieder 10, 11 und 12), Lieder, die sich auf Themen beziehen, die fast jede Abholsituation kennzeichen (Lieder 1, 2, 3 und 4), und Spiele, durch die die Kinder einen deutlichen Endpunkt des Kindergartentages erleben und durch die sich jedes Kind verabschiedet fühlt (Spiellieder 7, 8 und 9).
Die Lieder 5 und 6 beziehen sich nicht auf den Abschluß des gesamten Kindergartentages, sondern auf das Ende bestimmter Angebote im Kindergarten wie Turnen oder Rhythmik.

Lieder

1. Aufräumen

Aufräum', aufräum', immer, immer aufräum',
ist jeden Tag von neuem dran,
und morgen fängt es wieder an,
da frag' ich mich, da frag' ich mich,
ob ich es nicht, ob ich es nicht,
von vornherein, von vornherein
gleich lassen kann.

2. Ordnung

1. Ordnung ist das halbe Leben, das hat Oma schon gemeint.
   Kann es da nicht etwas geben, das mir fröhlicher erscheint?
   Denn aufräum', das ist ja so öde,
   und Ordnung find' ich dumm,
   und darum liegen meine Sachen
   immer hier, immer dort, immer überall herum.

2. Ordnung ist das halbe Leben, kam mir häufig schon zu Ohr'n,
   manchmal denk' ich, das kann's geben, hab' ich wieder was verlor'n.
   Doch aufräum', das ist ja so öde,
   und Ordnung find' ich dumm,
   und darum liegen meine Sachen,
   niemals da, niemals dort, wo sie hingehör'n, herum.

3. Suchen

1. Wo ist bloß meine Mütze hin? Vorhin hab' ich sie noch gesehn!
   Jetzt ist sie weg, ich bin empört,
   sie ist nicht, wo sie hingehört,
   jetzt ist sie weg, ich bin empört,
   sie ist nicht, wo sie hingehört.

2. Wo ist mein Schal, mein Schal bloß hin? Vorhin hab' ich ihn noch gesehn!
   Jetzt ist er weg, ich bin empört,
   er ist nicht, wo er hingehört,
   jetzt ist er weg, ich bin empört,
   er ist nicht, wo er hingehört.

3. Wo sind bloß meine Schuhe hin? Vorhin hab' ich sie noch gesehn!
   Jetzt sind sie weg, sind nicht mehr da,
   und ich weiß nicht, wie das geschah,
   nun sind sie weg, sind nicht mehr da,
   und ich weiß nicht, wie das geschah.

4. Abholen

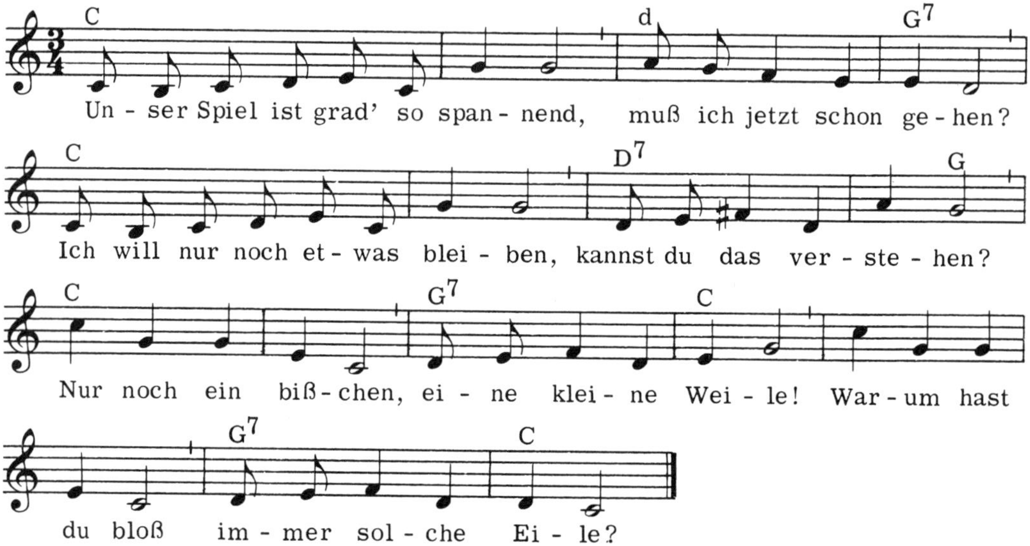

Unser Spiel ist grad' so spannend, muß ich jetzt schon gehen?
Ich will nur noch etwas bleiben,
kannst du das verstehen?
Nur noch ein bißchen, eine kleine Weile!
Warum hast du bloß immer solche Eile?

Lieder 1, 2, 3 und 4

1. Zur Entstehung

Die Lieder 1 bis 4 beziehen sich auf typische Themen, die jedem Kind aus der Abholphase des Kindergartentages vertraut sind. Beabsichtigt wird mit Text und Melodie in erster Linie, daß Freude am gemeinsamen Singen erlebt wird. Außerdem soll deutlich werden, daß Situationen, die das einzelne Kind nicht nur angenehm erlebt, von vielen Kindern ähnlich erlebt werden.

2. Zur Vermittlung

Die Lieder können zum Beispiel genutzt werden, um mit einem gemeinsamen Thema singend einen Abschluß des Tages zu gestalten. Auch können sie dann vermittelt bzw. gesungen werden, wenn das im Lied enthaltene Thema im Kindergarten gerade aktuell ist. Ein wenig Gespür ist dabei allerdings vonnöten, damit die Kinder, wenn sie sich gerade über etwas ärgern (daß sie aufräumen müssen, Ordnung halten müssen, etwas suchen müssen oder aufbrechen müssen) ein fröhlich angestimmtes Lied nicht als „kumpelhafte" Entschärfung, Verniedlichung oder Verharmlosung der individuell unangenehm erlebten Situation empfinden.

5. Abschluß einer Sing-Spiel-Bewegungsstunde

Wir machen Schluß, jetzt ist's vorbei
mit Singen, Tanzen, Turnerei.
Wir machen schnell noch einen Abschiedskreis
und singen laut, ganz laut, ganz laut, ganz leis',
und dann ist unsre Stunde aus,
und jeder (Name) geht zu sich nach Haus.

6. Schluß der Rhythmikstunde

1. Schnell noch mal zum Kreis, jetzt woll'n wir aufhör'n,
   denn es mag schon keiner mehr gern zuhör'n.
   Jeder geht nach Haus (jetzt raus/hinaus),
   jetzt ist Schluß, Aus,
   und es macht sich keiner etwas draus.

2. Haben wir geturnt, gespielt, gesungen,
   und es hat schon ziemlich gut geklungen.
   Doch jetzt woll'n wir was alleine tun,
   malen, spielen, rausgehn, uns ausruhn.

Lieder 5 und 6

1. Zur Entstehung

Die Lieder entstanden ausschließlich für den Zweck, bestimmte Stundenangebote im Kindergarten gemeinsam zu beenden.

2. Zur Vermittlung

Angeboten wie Turnen oder Rhythmik können Kinder, abhängig von ihrem Alter und ihrer Reife, nur über eine begrenzte Zeit aufmerksam und teilnehmend folgen. Diese Zeit ist meistens viel kürzer als eine Zeitstunde, wenn auch von der Rhythmik-, Turn- oder Bewegungsstunde gesprochen wird.
Aufgabe der Person, die ein „Stundenangebot" macht, ist es, möglichst unabhängig von Zeitdauervorstellungen eine angemessene „Dosierung" des Angebots herauszufinden, so daß die Kinder in ihrer Durchhaltefähigkeit schon ein wenig gefordert, aber nicht überfordert werden.
Wenn nach einer gewissen Zeit des Angebots die Aufnahmefähigkeit der Kinder abnimmt und die ersten Kinder unruhig werden, weil sie sich nicht mehr konzentrieren können, so ist es oft nicht mehr sinnvoll mit einer weiteren, vielleicht besonders spannenden Aktion die Aufmerksamkeit der Kinder wieder „einzufangen". Dieses kann nämlich im weiteren sehr schnell zur Überreizung führen. In solchen Fällen ist es dann eher sinnvoll, mit einem vertrauten Lied alle Kinder nur noch einmal kurz zu sammeln, um so einen gemeinsamen Endpunkt der „Stunde" zu setzen, so daß danach dann jedes Kind das Recht verspürt, sich wieder eigenen Dingen zuwenden bzw. sich von dem gemeinsamen Geschehen abwenden zu dürfen.
Beide Lieder fordern, daß sich die Gruppe noch einmal zu einem Kreis zusammenfindet, denn die Kreisform läßt es zu, daß jeder jeden sehen kann, und ermöglicht so eine Verabschiedung, bei der sich alle gegenseitig in die Augen sehen können.

7. Wer begleitet mich?

Frage: Ich geh' nach Haus, doch ich geh' gar nicht gern alleine,
gehst du mit mir, bringst mich heim bis vor die Tür?
Antwort: Ich geh' mit dir, denn auch ich geh' nicht gern alleine,
ich geh' mit dir, bring' dich heim bis vor die Tür.

1. Zur Entstehung

Dieses Lied und auch die folgenden Lieder 8 und 9 entstanden als aktive Spielangebote für die Abschiedsphase im Kindergarten.

2. Aufstellung und Verlauf

Die Kinder sitzen im Kreis, ein Kind wird bestimmt und ist an der Reihe, sich als erstes eine Begleitung auszusuchen. Es erhebt sich und beginnt, am Platz stehend, die erste Strophe des Liedes zu singen. Selbstverständlich kann es von allen sitzenden Kindern beim Singen unterstützt werden. Auf den Fragetext: „Gehst du mit mir, bringst mich heim bis vor die Tür?“ sieht das stehende Kind einem am Boden sitzenden Kind ganz deutlich in die Augen. Dieses Kind wird, wenn es mag, zum Begleitkind, d. h., es erhebt sich und geht gemeinsam mit dem ersten Kind ein oder mehrmals um den sitzenden Kreis herum, während die zweite Strophe des Liedes gesungen wird. Hat die Begleitung nach Beendigung der zweiten Strophe das erste Kind zurück an seinen ursprünglichen Platz gebracht, so läßt sich dieses dort nieder, und nun ist das noch stehende Begleitkind dasjenige, das sich wiederum eine Begleitung aussuchen kann usw.

3. Zur Vermittlung

Mag ein gefragtes Kind nicht zum Begleitkind werden, so muß die Strophe wiederholt werden, und das erste Kind muß es mit einer anderen Begleitperson versuchen. Hierbei sollte es auch möglich sein, eine erwachsene Person zu bitten, weil es manchmal sehr schnell geschehen kann, daß, wenn ein Kind nicht zum Begleitkind werden wollte, es die anderen Kinder, aus welchen Gründen auch immer, auch nicht mehr wollen.

Häufig ist das fragende Kind nicht in der Lage, wirklich nur ein einziges Kind anzusehen, so daß sich zwei Kinder angesprochen und aufgefordert fühlen. In so einem Fall kann gefragt werden, welches Kind gemeint war, und dann wird die erste Strophe wiederholt.

8. Abschiedstanz

Sag, kennst du meinen Fuß? Er tanzt voll Hochgenuß.
Er tanzt den Abschiedsgruß,
denn gleich ist Schluß, ja Schluß.

Kennst du den and'ren Fuß? Auch der tanzt mit Genuß.
Er tanzt ...

Sag, kennst du meine Knie? Die tanzen, wie noch nie.
Sie tanzen den …

Sag, kennst du meinen Po? Mein Po, ja der tanzt so.
Er tanzt den …

Sag, kennst du meinen Bauch? Mein Bauch, ja der tanzt auch.
Er tanzt …

Schluß: Jetzt tanzt alles zusammen, jetzt tanzt alles zusammen,
jetzt tanzt alles zusammen und schüttelt kräftig aus.
Jetzt tanzt alles zusammen, jetzt tanzt alles zusammen,
jetzt tanzt alles zusammen, und dann gehen wir nach Haus.

1. Zur Entstehung

Siehe Lied 7

2. Aufstellung und Verlauf

Die Kinder sitzen am Boden.
1. Strophe: Die Kinder heben einen Fuß in die Höhe und lassen diesen in der Luft wilde Tanzbewegungen vollführen.

2. Strophe: Die Kinder heben den anderen Fuß und lassen auch diesen „tanzen“.

3. Strophe: Die Kinder kommen zum Stand, fassen mit den Händen auf ihre Knie und lassen so die Knie „tanzen“, indem sie sie zusammen und auseinander klappen lassen.

4. Strophe: Die Kinder wenden sich ihre Rücken zu, legen die Hände auf das Gesäß und wackeln mit diesem hin und her, lassen den Po „tanzen“.

5. Strophe: Die Kinder wenden sich einander wieder zu, reiben sich den Bauch und lassen dabei den Bauch „tanzen“.

Schluß: Die Kinder tanzen wild im Raum und bewegen dabei möglichst alle Körperteile auf einmal.

3. Zur Vermittlung

Wollen die Kinder noch weitere Körperteile „tanzen“ lassen, bevor es zum Schlußtanz kommen soll, so kann „gedichtet“ werden:

Zum Beispiel:
„Sag, kennst du meinen Kopf, mein Kopf, ja der tanzt auch“ …

„Sag, kennst du meine Schultern, meine Schultern tanzen auch“ … o. ä.

Diese Sätze reimen sich nicht, was die Kinder in diesem Spielzusammenhang jedoch nie gestört hat. Viel wichtiger ist es ihnen, daß sie eigene Vorschläge einbringen können, die dann von allen umgesetzt werden.
Der Schluß des Abschiedstanzes kann als „Stopptanz“ dienen, wenn vereinbart wird, daß alle Kinder auf dem letzten Wort des Satzes: „… und dann gehen wir nach Haus“, plötzlich ganz still stehen bleiben und in der sich dabei ergebenden Haltung einen Augenblick lang gespannt verharren.

3. Mögliche Vorübungen

Unabhängig vom Lied kann mit den Kindern ausprobiert werden, einzelne Körperteile tanzen zu lassen. Hierfür kann zur Unterstützung jede von den Kindern akzeptierte Musik dienen.
„Wie sieht es aus, wenn nur unser kleiner Finger tanzt?“
„Wie sieht es aus, wenn die ganze Hand, der Ellenbogen, der rechte Arm, die Nasenspitze usw. tanzt?“

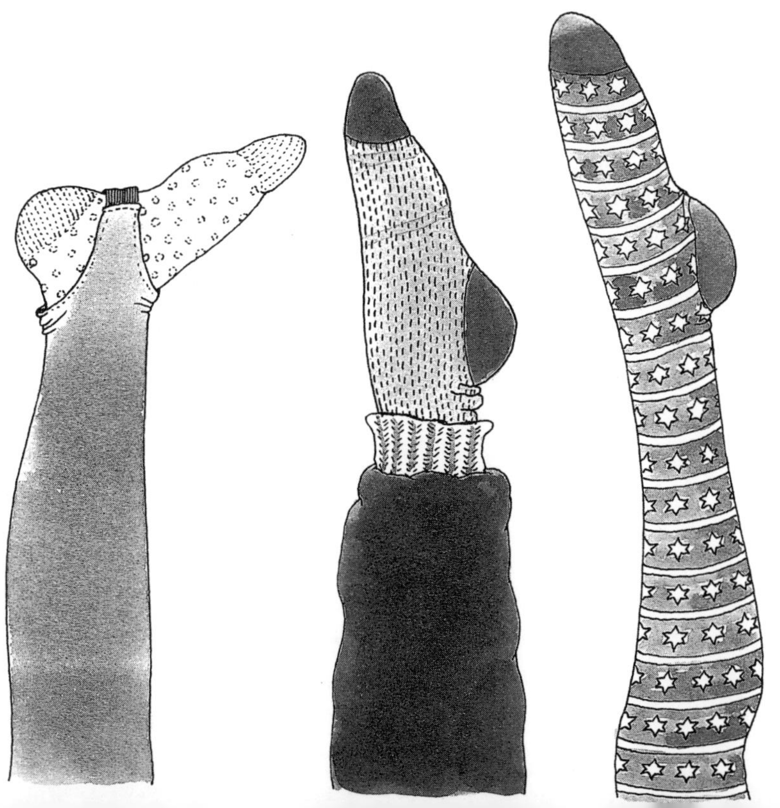

9. Abschiedsspiel

Es ist spät, es ist Zeit,
jeder ist zum Gehn bereit.
Bitte „Name“, zeig zum Schluß,
uns noch deinen Abschiedsgruß.
Wir sehen alle hin, was kommt dir in den Sinn?
Danke dir, Aufwiedersehn!

1. Zur Entstehung

Siehe Lied 7 und 8.

2. Aufstellung und Verlauf

Die Kinder stehen im Kreis und singen das Lied.
Dem Text folgend wird jeweils ein Kind aufgefordert, in die Mitte des Kreises zu kommen, um allen seinen speziellen Abschiedsgruß zu zeigen. Die anderen Kinder schauen zu und klatschen auf den Text „Danke dir, Auf-“ in die Hände und winken auf den Text „wiedersehn“.

3. Zur Vermittlung

Die Reihenfolge, nach der die Kinder aufgefordert werden, ihren Abschiedsgruß zu zeigen, sollte festgelegt sein, damit kein Kind sich durch diese Aufforderung plötzlich überrumpelt fühlt.
Möchte ein Kind nicht in die Mitte des Kreises treten, so kann es selbstverständlich auch an seinem Platz stehen bleiben und sich von dort aus verabschieden.
Vielleicht sollte vorab schon einmal mit den Kindern ausprobiert werden, wie viele Möglichkeiten es gibt, sich von anderen zu verabschieden, nämlich durch Sprache, durch Zeichen oder auch durch kleine Kunststücke, die den zuschauenden Kindern vorgeführt werden (siehe hierzu auch Kap. 3, Lied 8, „Zur Vermittlung“).

10. Abschiedslied

Nun ist es wohl Zeit, um nach Hause zu gehn,
doch morgen (z. B. Dienstag), da werden wir uns schon wiedersehn.
Bis dann, macht es gut, habt's gemütlich und nett
und geht heute abend recht fröhlich zu Bett,
und geht heute abend recht fröhlich zu Bett.

11. Tschüß, Adele

Tschüß, Adele, Schluß, Punkt, Aus, Vorbei,
was hier läuft, ist mir jetzt einerlei,
denn ich möchte jetzt nach Haus,
hab' die Nase voll,
frage mich schon längst,
was ich hier noch soll.
Denn ich möchte jetzt nach Haus,
hab' die Nase voll,
frage mich schon längst,
was ich hier noch soll.

12. Abschiedsgespräch

Kinder: Wir gehen jetzt nach Hause und sind morgen (bzw. Dienstag) wieder da.
Dann könn' wir uns erzählen, was inzwischen so geschah.

Erzieher: Geht heute abend froh zu Bett und wacht frisch wieder auf, und kommt dann möglichst gut gelaunt, da freu'n wir uns schon drauf.

Lieder 10, 11 und 12

1. Zur Entstehung

Diese Abschiedslieder entstanden speziell für die Verabschiedung von Kindern und Erziehern am Ende des Kindergartentages.

2. Zur Vermittlung

Die Lieder 10 und 12 lassen sich gut nutzen, wenn die Stimmung heiter und positiv ist. Vermittelt werden soll den Kindern, daß sie am nächsten Tag bzw. am nächsten Montag erwartet werden und daß sie sich erwünscht fühlen können.
Lied 11 sollte eher gesungen werden, wenn die Stimmung am Ende des Tages weniger positiv ist und wenn die Kinder schon etwas unruhiger sind.

13. Verkehrswarnung

1. Soll den Kindern nichts geschehn,
bleiben sie am Kantstein stehn,
gucken erst nach links-rechts-links,
gucken erst nach links-rechts-links-
woll'n sie über Straßen gehn.

2. Hab' ich's eilig, muß schnell gehn,
bleib ich auch am Kantstein stehn,
gucke erst nach links-rechts-links,
gucke erst nach links-rechts-links,
will ich über Straßen gehn.

3. Nichts kann mir so wichtig sein,
daß ich nicht kann halten ein,
gar nichts gibt es, das steht fest,
gar nichts gibt es, das steht fest,
das mich nicht erst gucken läßt.

4. Ja, ich gehe im Verkehr,
stets mit Ruhe, bittesehr,
denn die Autos sind oft blind,
denn die Autos sind oft blind,
haben's eilig, sehn kein Kind,
haben's eilig, sehn kein Kind.

1. Zur Entstehung

Dieses Lied hat im Gegensatz zu den anderen Liedern eine einseitige und strenge erzieherische Absicht. Das Kind soll durch Text und Melodie beeinflußt werden, sich in ganz bestimmter Weise zu verhalten, zu denken und Respekt vor dem Verkehr zu entwickeln. Derartige manipulative Absichten mit einem „fröhlichen Lied" zu verfolgen, lehne ich im Prinzip ab. Wenn es allerdings um das Verhalten des Kindes im Straßenverkehr geht, meine ich mit guten Gründen eine Ausnahme machen zu dürfen.

2. Zur Vermittlung

Um die ersten zwei Strophen des Liedes noch anschaulicher zu machen, kann mit Seilen eine „Straße" durch den Raum gelegt werden. Die Kinder sitzen am Boden, rechts und links der Straße. Ein Kind ist an der Reihe, es erhebt sich und geht bis an den Straßenrand, während alle die erste Strophe des Liedes singen. Dem Text entsprechend guckt das Kind am Straßenrand nach links, nach rechts und wieder nach links und überquert die Straße erst auf den Text: „...woll'n sie über Straßen gehn".

Auf der anderen Straßenseite angekommen, beginnt nun das Kind um die sitzenden Kinder herumzulaufen. Diese beginnen irgendwann mit der zweiten Strophe. Auf den Text: „...bleib' ich auch am Kantstein stehn", hält das laufende Kind abrupt am „Straßenrand" an, guckt nach links, rechts und wieder links, um auf den Text „...will ich über Straßen gehn" gehend die gelegte Straße zu überqueren.

Register aller Lieder aus Band 1 + 2